Universität Bremen – Studiengang Geographie

MATERIALIEN UND MANUSKRIPTE

Herausgeber:
Gerhard Bahrenberg, Gerhard Stäblein, Wolfgang Taubmann

Heft 16

Frank Novak

Wohnungsbau in Bremen – Das Beispiel Hemelinger Unternehmen

Bremen 1988

Schriftliche Hausarbeit - Erste Staatsprüfung für das Lehramt an öffentlichen Schulen (S II)
Betreuer : Prof. Dr. W. Taubmann

Gliederung

1. **Einleitendes**
1.1. Zeige mir deine Wohnung...
1.2. Werkwohnungen, Werksiedlungen

2. **Kurze Wirtschafts- und Siedlungsgeschichte des 'industriellen' Hemelingens: Von der Zigarre zum Autostern**

3. **Werkwohnungsbau: Kein Kaviar fürs Volk**
3.1. Motive für den Werkwohnungsbau Hemelinger Unternehmen
3.1.1. Gewinnung von Arbeitskräften
3.1.2. Bindung von Arbeitskräften
3.1.3. Konzentration der Arbeitszeit
3.1.4. Zugriff auf die Löhne
3.1.5. Schaffung von Wohnabhängigkeit
3.1.6. Akkulturation und Erziehung

4. **Die Jute: Der Zweck heiligt die Mittel**
4.1. Genese der Jute-Siedlungen
4.1.1. Nichts zu viel - Diedrich-Wilkens-Str./Girardonistr.
4.1.2. Die Kasernen

Exkurs: Das Private wird öffentlich - Ursachen des Übergangs zum werkgeförderten Wohnungsbau

4.1.3. Unter dem Mantel der Gemeinnützigkeit - Osterhop/ Osternadel/ Am Ziegelberg
4.2. Räumliche Erscheinungsbilder der Jute-Siedlungen
4.2.1. Das ewige Aschenputtel
4.2.2. Diedrich-Wilkens-Str./Girardonistr.
4.2.3. Weg vom Stigma
4.2.4. Osterhop/Osternadel/Am Ziegelberg

5. **Das Ausbesserungswerk (AW): Nicht immer Volldampf**
5.1. Sozialpartnerin Bahn
5.2. Warum eine Genossenschaft?
5.3. Jeder Mensch Hauseigentümer? Die AW-Siedlung
5.4. Räumliches Erscheinungsbild der AW-Siedlung
5.4.1. Der Verlust der Siedlungsvitalität
5.4.2. Die Siedlungsanlage

6. **Focke-Wulf: Phönix mit viel Asche**
6.1. Siedlungsgenese des Focke-Wulf-Kamps
6.1.1. Siedlungsbau im III. Reich
6.1.2. Familiensinn und Krisenfestigkeit - der Focke-Wulf-Kamp
6.2. Räumliches Erscheinungsbild des Focke-Wulf-Kamps
6.2.1. Die Wohnenklave
6.2.2. Die Siedlungsanlage

7. **Borgward: Makel am Mythos?**
7.1. Alte Werte, neues Bewußtsein
7.1.1. Genese der Borgward-Siedlung
7.1.2. Räumliches Erscheinungsbild der Borgward-Siedlung

8. **Sozialstrukturen: Stiller Wandel**
8.1. Generelle soziostrukturelle Veränderungen
8.2. Siedlungsspezifische Veränderungen

9. **Abschließendes**
9.1. Werkwohnungsbau in Bremen - unus pro multis?
9.2. Nachbemerkung

Anhang

1. Einleitendes

'Werkwohnungsbau in Bremen' ist ein bislang weitgehend unbekanntes Kapitel hiesiger Städtebaugeschichte. Im Gegensatz zum 'Bremer Haus' bspw., das seit Mitte der siebziger Jahre Gegenstand vielfältiger Untersuchungen geworden ist, hat obiges Thema nur als Teilaspekt Eingang in die Fachliteratur gefunden.
Hierfür sollte durchaus Verständnis aufgebracht werden, denn analysiert man den Wohnungsbau im Kernstadtgebiet Bremens (Grenzen bis 1921) während der letzten hundert Jahre, so spielt der durch Industrieunternehmen initiierte bzw. praktizierte nur eine vergleichsweise unbedeutende Rolle.

Wird das Betrachtungsfeld allerdings verändert und auf die erst spät eingemeindeten nördlichen und südlichen Stadtteile, insbesondere auf Blumenthal, Vegesack und Hemelingen ausgerichtet, so entsteht ein völlig anderes Bild. Über einen langen Zeitraum bauten Werke dort selbst oder ließen Siedlungen für ihre Belegschaften erstellen. Sie gestalteten demnach nicht nur den Arbeitsprozeß, sondern auch das Wohnen und die Freizeit für einen großen Teil ihrer Beschäftigten.
Ebenso trugen Werkwohnungen aber zur Linderung allgemeiner Wohnungsnöte speziell in den beiden Nachkriegszeiten bei, wenn sie auch nicht aus karikativen Beweggründen entstanden und nur für ausgewählte Gruppen zugänglich waren.
Die Siedlungen der Jute-Spinnerei und -Weberei, des Eisenbahnausbesserungswerkes (AW), von Focke-Wulf und Borgward repräsentieren hervorragend die unterschiedlichen Entwicklungsphasen des Werkwohnungsbaus in Bremen, seiner Anwendungen und Auswirkungen.

Meine Arbeit konzentriert sich, bedingt durch den gegebenen Rahmen, auf die vergleichende geographisch-historische Analyse der Genesen, Sozialstrukturen und aktuellen räumlichen Erscheinungsbilder der Siedlungen. Ferner werde ich die Motive der Unternehmen, sich im Wohnungsbau zu engagieren, aufzeigen und unter der Prämisse, daß Werkwohnungsbau ökonomisch und räumlich-strukturell bedingt gewesen ist, die Betriebsgeschichten sowie die Wirtschafts- und Siedlungsentwicklung des 'industriellen' Hemelingens in der gebotenen Kürze darstellen.

Ziel der Arbeit ist es nicht, eine verbindliche Architektur- und Wohnästhetik zu proklamieren, auch wenn ich, das sei keinesfalls verhehlt, die Hemelinger Siedlungen für 'zeitloser' erachte als viele Sozialbauten der letzten Nachkriegsjahre. Falsch wäre es allerdings, in ihnen Inseln einer gesamtgesellschaftlich längst verlorenen, spezifischen Arbeiteridentität zu vermuten, wie sie vielleicht noch punktuell in manchen Zechenquartieren des Ruhrgebiets zu finden wäre.

Schließlich einige Anmerkungen zu künftigen Problemen:
Alle von mir untersuchten Siedlungseinheiten werden in absehbarer Zeit zerstört werden, wenn nicht von außen (Sanierung, Neubauten), dann von innen (Identifikationsverlust, bauliche und soziale Abgrenzung innerhalb der Bewohnerschaft). Den langfristigen Erhalt der Wohngebiete, womit zunächst die weitgehende architektonische Konservierung der Gebäude gemeint wäre, halte ich nicht nur unter industriegeschichtlichen, d. h. denkmalpflegerischen, sondern auch unter soziokulturellen Aspekten für wünschenswert.
Erhalt der Siedlungen in ihrer augenblicklichen Form muß aber ebenso Bewahrung kostengünstigen Wohnens heißen. Erhaltungsförderung darf nicht bei Appellen oder bei Restriktionen bezüglich der Fassadengestaltung stehenbleiben, sondern hat Anpassungsmöglichkeiten an aktuelle Wohnbedürfnisse zu eröffnen, umfassende finanzielle Unterstützung bei Renovierungen, sofern sie das Urbild erhalten, und die Forderung nach behutsamer architektonischer Adaption bei Neubauten zu beinhalten.

Der 'Werkwohnungsbau Hemelinger Unternehmen' mag deshalb auch mit dieser Arbeit nicht als abgeschlossen betrachtet werden - ganz im Gegenteil.

1.1. Zeige mir deine Wohnung...

Aufgrund der vielfältigen alltags- und wissenschaftssprachlichen Anwendungsmöglichkeiten der Begriffe ´Wohnung´ und ´wohnen´ scheint es mir ratsam, einige semantische Überlegungen voranzustellen.
´Wohnungen´, d. h. umbaute, gegliederte und in bestimmter Weise eingerichtete Räume (vgl. WEISS 1978, S. 11), befriedigen nach DIRISAMER (1984, S. 82) sowohl biologisch bedingte "Primär-" (Schutz vor Witterung, Eß- und Schlafmöglichkeiten usw.) als auch die hiervon abgeleiteten "Sekundärbedürfnisse" (nach sozialen Kontakten, funktionaler Gliederung, dem Ausmaß der Abgeschlossenheit der Wohnung etc.). MITSCHERLICH (zit. bei: HERLYN 1983, S. 22) weist zudem auf die gesellschaftliche Repräsentationsfunktion von Wohnungen hin: "Zeige mir deine Wohnung und ich sage dir, wer du bist."

Wenn Werke Wohnungen bauen oder den Wohnungsbau fördern, versuchen sie nicht nur die Primärbedürfnisse ihrer Belegschaften zu erfüllen, sondern gestalten zwangsläufig auch die Sekundärbedürfnisse und die o. g. Repräsentationsfunktion mit. Die Jutearbeiter/-innen erschienen ihrem Werk zunächst als austauschbar, die Focke-Wulf- und Borgwardsiedler/-innen waren nicht nur betriebliche Leitbilder. Dementsprechend gestalteten sich jeweils Architektur, Anlage und Belegung der Wohnungen.

´Wohnen´, wie ich es im folgenden verwenden möchte, heißt nicht nur ´einen Wohnsitz haben´, bezieht sich nicht allein auf die Wohnung als Raum relativer Isolation, sondern umfaßt "gleichzeitig alle Einrichtungen der materiellen Versorgung und kulturellen Betreuung, in denen sich der Hauptanteil der gesellschaftlichen Kommunikation vollzieht. Das Wohnen ist nicht nur das Produkt der menschlichen Lebensweise, sondern auch ein maßgeblicher Faktor bei der Entstehung neuer Lebensformen." (PELTZ-DRECKMANN 1978, S. 426)
´Wohnqualität´ läßt sich demgemäß nicht allein an der Wohnungsausstattung bemessen, sondern muß die erwähnten Fakto-

ren miteinbeziehen. Die hohe Attraktivität der AW-Siedlung bspw. rührt meines Erachtens von der Anwendung des skizzierten Wohnverständnisses, seiner quasi 'Materialisierung' her.

Den gebräuchlichen Terminus 'Wohnumfeld', der die Reduktion des eigentlichen 'Wohnens' auf die Wohnung impliziert und dessen gefährliche Unschärfe viele Bewohner von Großwohnanlagen bei staatlich subventionierten 'Wohnumfeldverbesserungen' zur Zeit zu spüren bekommen, halte ich demnach für inadäquat.

Zuletzt sei daraufhingewiesen, daß Wohnungslosigkeit oder ständiger Wohnstandortwechsel in unserer Gesellschaft als Zeichen sozialer Marginalität ('Wurzellosigkeit') gewertet werden (vgl. WEISS 1978, S. 12). Hohe Wohndauern in Werksiedlungen weisen kleinräumig also auf soziale Stabilität hin.

1.2. Werkwohnungen, Werksiedlungen

"Unter Werkwohnungen versteht man die von Arbeitgebern für ihre eigenen Belegschaftsmitglieder (Beamte, Angestellte und Arbeiter) errichteten Wohnungen. Die Voraussetzung zur Erlangung einer Werkwohnung ist die Zugehörigkeit zum Werk. Die Beendigung des Arbeitsverhältnis hat in der Regel den Verlust der Werkwohnung zur Folge." (WANDERSLEB 1959, S. 1725)

Im Gegensatz zu ALBRECHT (1930, S. 756f) untergliedern HEINRICH (1970, S. 62) und WANDERSLEB (1959, S. 1726) die betriebliche Wohnfürsorge in zwei Teilbereiche:

in: - den eigentlichen oder traditionellen Werkwohnungsbau und
        - den werkgeförderten Wohnungsbau.

Im eigentlichen Werkwohnungsbau tritt hiernach das jeweilige Unternehmen als Rundherumeigentümer (Bauherr, Besitzer, Verwalter) auf, während bei einer Förderung

" a) die Wohnung nicht Eigentum des Werks ist oder bleibt,
  b) keine unmittelbare Verbindung zwischen Arbeitsvertrag

und Mietvertrag besteht,

c) Verwaltung und Vermietung nicht unmittelbar dem Werk unterliegen,

d) die Finanzierung auch durch andere als nur durch Eigenmittel oder vom Werk beschaffene Mittel erfolgt."

(HEINRICH 1970, S. 66)

Zwar halte ich die inhaltliche Differenzierung für notwendig und sinnvoll, die terminologische Unterscheidung erscheint mir aber problematisch und eher Verwirrung zu stiften:

Wie SELLE (1986, S. 363 - 365), der konseqenterweise von 'industriegebundenem Wohnungsbau' schreibt, gehe ich davon aus, daß der Werkwohnungsbau unterschiedliche historische Phasen durchlaufen, sich gewandelt und entwickelt hat. Die ökonomische Situation und die staatlichen Interventionen auf dem Bausektor im und nach dem I. Weltkrieg führten zwangsläufig zum Ende des 'eigentlichen Werkwohnungsbaus', waren aber ebenso Geburtshelfer neuer Beteiligungsformen der Industrieunternehmen: Statt direkt über Belegung und Bewirtschaftung zu bestimmen, nahmen die Werke nun 'indirekt' Einfluß, indem sie etwa Satzungen von Genossenschaften diktierten (AW) oder langfristige Darlehen gewährten (Focke-Wulf, Borgward).

'Werkgeförderter Wohnungsbau' ist demnach keine möglicherweise philanthropische Alternative zum 'traditionellen Werkwohnungsbau', sondern stellt sich als Werkwohnungsbau jüngerer Vergangenheit dar. Oder anders:

Das Kind ist gewachsen, heißt nun Fritz statt Fidi, aber die Eltern sind die gleichen geblieben.

Anlehnend an PELTZ-DRECKMANN und KIRSCH definiere ich 'Werksiedlung' als ein nach bestimmten Werksinteressen "einheitlich geplantes Wohngebiet" (PELTZ-DRECKMANN 1978, S. 2), das sich zur Entstehungszeit "durch ein geschlossenes und einheitlich wirkendes Siedlungsbild vom gewachsenen Gesamtsiedlungsgefüge" (KIRSCH 1982, S. 2) abgehoben hat. Die funktionale Gliederung der einzelnen Wohnanlage bleibt auf die Definition bezogen ohne Bedeutung.

2. Kurze Wirtschafts- und Siedlungsgeschichte des 'industriellen' Hemelingens: Von der Zigarre zum Autostern

Der strukturelle Wandel vom Dorf zur Industriegemeinde vollzog sich in Hemelingen seit 1854. In jenem Jahr trat die preußische Provinz Hannover einschl. Hemelingen dem Deutschen Zollverein bei, während Bremen sein Stadt- und Landgebiet weiterhin (bis 1888) als Freihandelszone deklarierte.
Diese konträren Entscheidungen hatten vielfältige Folgen:
Das bremische Handelskapital konnte zunächst seinen polit. Einfluß in der Hansestadt auf Jahrzehnte hinaus konservieren und gegen aufstrebende Industrielle verteidigen. Zweitens wurde Bremen als Industriestandort (außer für Schiffbau und Exportgüter) uninteressant. Drittens lagerten Betriebe, deren Produkte auf einen möglichst weiträumigen Binnenmarkt orientiert waren, ihre Fertigungsstätten aus dem Stadtgebiet heraus, machten doch die nun fälligen Zollgebühren den Wettbewerb mit anderen Herstellern nachteilig.

Als erste 'emigrierten' die Zigarrenproduzenten, deren Industrie zur umsatzstärksten in Deutschland gehörte und besonders auf offene Grenzen angewiesen war. Sie siedelten, standortnah zum Bremer Hafen, in Burgdamm und Hemelingen; in Hemelingen allerdings nicht direkt beim alten Ortsgebiet, dessen Lage an den Schutz einer bis Burglesum reichenden Dünenkette ausgerichtet war, sondern in der Nähe Hastedts, von wo auch die ersten Arbeiter/-innen geworben wurden.
Es folgten dorthin Kistenfabriken, eine Brauerei, eine Zucker- und eine Silberwarenfabrik, diverse Klein- und Kleinstbetriebe, wobei als zusätzliches Abwanderungsmotiv neben den Zollgebühren das niedrige lokale Lohnniveau zu nennen wäre.

Eine völlige Veränderung des Ortsbildes vollzog sich:
Dem Einwohnerzuwachs entsprechend eröffneten Lebensmittelgeschäfte, ebenso eine Apotheke. Es kam zu Kirchengründungen die Schule mußte erweitert werden. Innerhalb von achtzehn Jahren (1853 - 71) verdreifachte sich die Hemelinger Bevölkerung.

"Doch als das Werk, das die größte Bewegung nach Hemelingen
brachte stellte sich die Bremer Jutespinnerei und -weberei
heraus." (KIRCHHOFF in: BRILL 1984, S. 150)
Es beeinflusste mehr als ein halbes Jahrhundert die Hemelinger Geschichte maßgeblich, sowohl ökonomisch (als größtes Unternehmen des Ortes) als auch soziokulturell (durch Anwerbung auswärtiger Arbeitskräfte). In konjunkturellen Spitzenzeiten beschäftigte die Jute ca. 1200 Arbeitskräfte.
Ihre Gründung symbolisierte gleichfalls das profit- und machtorientierte Verhalten jener bremischen Kaufleute, die einerseits in der Hansestadt geschlossen und mit Vehemenz neue Industrieansiedlungen bekämpften, andererseits ihr überschüssiges Kapital aber zur Initiierung oder zu Investitionen in ebensolche Unternehmungen vor den Toren Bremens benutzten und gerne die (anfangs hohen) Dividenden entgegennahmen (vgl. SCHWARZWÄLDER 1976, S. 329 - 345).

1897, Hemelingen stellte sich bereits als größte Landgemeinde in der Provinz Hannover dar, gestaltete sich der industrielle Sektor recht vielfältig. Die Mehrzahl der Betriebe beschäftigte vor der Jahrhundertwende mehr als zehn, aber weniger als fünfzig Personen, nur drei, eine Kunstwoll-, eine Silberwarenfabrik und die Jute, hatten mehr als hundert Arbeitskräfte unter Vertrag (vgl. DÜWEL 1958, S. 21f).
Mit Beginn unseres Jahrhunderts verlagerten erneut etliche Firmen ihren Sitz von Bremen ins preußische Hemelingen, teils aus steuerrechtlichen Gründen, teils weil für Produktionserweiterungen im Stadtgebiet keine angemessenen Areale ausgewiesen wurden. So verdankte die 'Königliche Eisenbahn-Hauptwerkstätte Sebaldsbrück' (benannt nach dem Bhf. Sebaldsbrück, aber in Preußen gelegen) ihre Entstehung der Erweiterungsabsicht der Bremer Werkstätten. Die preußische Eisenbahndirektion avancierte schnell zur größten Unternehmerin des Ortes (1914: 1200 Beschäftigte; 1918: 2400).
Konnte vor dem I. Weltkrieg der lokale Wohnungsbedarf wenigstens quantitativ durch private Bautätigkeit einschließlich Werkwohnungsbau gedeckt werden, so lösten Haushaltsneugründungen und der Zustrom arbeitssuchender Menschen nach 1918

eine extreme Wohnungsnot im Ort aus (vgl. StaB 6,6/1-XVIII.
e.8.Abt.XIII.Nr.11.). Nachkriegsinflation und eine insgesamt
zerrüttete Wirtschaft schreckten potentielle Investoren von
Neubauprojekten ab. Nur durch Ausschöpfung aller staatlichen
Förderungs- und kommunalen Handlungsmöglichkeiten, insbesondere Wohnraumrequirierung, Bau von Behelfsheimen, planmässige Überbelegung von Wohnkapazitäten, Einschränkung von Zuzusmöglichkeiten, konnte eine notdürftige Wohnversorgung gewährleistet werden. Später gelang es durch Baumaßnahmen der
Werke (AW, Jute) und Engagement der Gemeinde (Gründung der
Kreisbaugesellschaft, Bau- und Siedlungsgesellschaft) auf
kommunaler Ebene, ein erheblich größeres Wohnraumkontingent
zur Verfügung zu stellen, das aber die Probleme, da die Einwohnerzahl durch Zuwanderung weiter anstieg, höchstens mildern half.

Gerade die kommunalen Bauinvestitionen verschlechterten die
finanzielle Lage Hemelingens während der Weimarer Republik
erheblich. Zudem 'wuchs' Bremen durch Eingemeindungen immer
näher an Hemelingen heran, konkurrierte um neue Industrieansiedlungen und nutzte seine Standortvorteile (Häfen) konsequent aus.

Die Weltwirtschaftskrise ab 1929, Probleme örtlicher Unternehmen (Produktionsstillegung der Jute, Entlassungen beim
AW), dazu die Angliederung der noch stärker verschuldeten
Nachbargemeinde Arbergen verschlechterten die kommunale Situation immens. Zeitweise wurden mehr als ein Drittel der
erwerbsfähigen Hemelinger Bevölkerung durch Sozialleistungen
unterstützt. "Um die Verwaltungsausgaben decken zu können,
mußten die Steuern höher liegen als im Stadtstaat Bremen.
Daraufhin verlegten einzelne Firmen ihren Standort nach
Bremen." (KIRCHHOFF in: BRILL 1984, S. 169)

Zwar verbesserte der konjunkturelle Aufschwung ab 1933 die
Lage der Gemeinde, der tatsächliche Gewinn erwies sich späterhin aber als zwiespältig. 1935 eröffnete Focke-Wulf ein
Zweigwerk auf dem Gelände der ehemaligen Jute. 1936 kaufte
Hansa-Lloyd große Weideflächen an der Grenze zu Bremen-Sebaldsbrück, um dort 1938 das neue Borgward-Werk einzuweihen.

In den ersten Kriegsmonaten 1939 wurde dann politisch-restriktiv vollzogen, was ökonomisch schon lange galt (Hemelingen war u. a. ans Bremer Gas- und Wassernetz angeschlossen, Bremer Unternehmen investierten in der Gemeinde, Bremer Arbeiter/-innen arbeiteten dort):
die Eingemeindung in das Land Bremen.
Die 'Vierte Verordnung über den Neuaufbau des Reiches', deren Intention die Stärkung existierender Zentren durch Zusammenfassung mit kleineren benachbarten Orten gewesen ist, hat die kommunale Eigenständigkeit beendet.

Da mit Focke-Wulf und Borgward zwei bedeutende Rüstungsproduzenten ansässig waren, wurde Hemelingen während des II. Weltkriegs Ziel zahlreicher alliierter Bombenangriffe, die viele Menschenleben kosteten und irreversible Schäden in das Ortsbild fraßen.

Nach dem Krieg ist nach einigen innerstädtischen Gebietskorrekturen und -reformen aus den Ortsteilen Mahndorf, Hastedt, Sebaldsbrück, Arbergen und Hemelingen der Stadtteil Hemelingen gebildet worden (seit 1951 Sitz eines Ortsamtes).
Auf dem Bausektor haben Rekonstruktion zerstörter Gebäude und großflächige Neubaumaßnahmen (Siedlungen in Arbergen, Hemelingen; Großwohnanlagen in Sebaldsbrück, Arbergen, Mahndorf) zur Deckung des großen Nachkriegsbedarfs an Wohnraum beigetragen.
Die industrielle Prägung des Stadtteils ist seither eher verstärkt als reduziert worden. Hafenerweiterungen, Neuaufbau und -ansiedelung von Produktionsstätten, aber auch der Kapitaltransfer einiger ehemals mitteldeutscher Unternehmen sind Ursachen für die höchste industrielle Standortkonzentration Bremens, wobei stellvertretend die PKW-Produktion, der Maschinenbau, die Silberwarenfertigung und die Rundfunk- sowie Elektronikbranche zu nennen wären.

Als entscheidende Faktoren für die Niederlassung von Produktionsunternehmen, besonders der mit hohen Flächenbedarf, und für die Ausschreibung von neuen Gewerbegebieten (Mahndorf, Hemelinger Hafen) haben sich immer wieder bereits vorhandene Infrastrukturen (besonders der Autobahnanschluß) und ein Angebot an vergleichsweise kostengünstigen, ehemals agrarisch genutzten, Flächen erwiesen. Die sich hieraus ergebenden Konsequenzen wie hoher Bodenverbrauch, enge Wohn - Gewerbeverzahnung, Umweltbelastung und -beeinträchtigung sind gerade in jüngster Vergangenheit - neben ökonomisch-strukturellen (Arbeitslosigkeit) und städtebaulichen Nachteilen (Zersiedelung, Entwertung des Ortskerns, niedriger Wohnstatus) Hemelingens - nicht nur auf Stadtteilebene Anlässe kontroverser Diskussionen gewesen.

3. Werkwohnungsbau: Kein Kaviar fürs Volk

Der deutsche Werkwohnungsbau ist eng an die nationale Industriegeschichte geknüpft. Hat es auch im Feudalismus Gutsbesitzer, die ihren Arbeitskräften Unterkünfte errichteten, gegeben und werden auch in Zukunft Dienstleistungsfirmen Wohnungen für ihre Angestellten bereitstellen oder mitfinanzieren, so haben bisher einzig massenhafte Gründungen von Industrieunternehmen vor allem im letzten Jahrhundert sowie die dadurch bedingten Konzentrationen von Arbeitskräften an zentralen Orten den großflächigen Bau von Werkwohnungen in den charakteristischen Formen provoziert.
Gebaut wurde von Unternehmen, die an ihren neuen Standorten einen hohen Beschäftigtenbedarf hatten. In Deutschland waren es zunächst vorrangig die Textilindustrie und der Bergbau, später auch die chemische Industrie, die Eisenbahnen und die Automobilfabriken.

Solange Produktionserweiterungen erfolgten und die Belegschaftszahlen stiegen, wurde der Wohnungsbestand kontinuierlich erweitert. In Krisenphasen oder bei Stillegungen interessierte er nur noch als spekulationswürdiger Immobilienbesitz. Folgerichtig ist die 'Blütezeit' des Werkwohnungsbaus die der Industrialisierung, die Zeit des Niedergangs die der Deindustrialisierung (großräumig am Beispiel des Ruhrgebiets zu

beobachten, wo industriegebundene Wohnungen heute zum grossen Teil privatisiert werden).
Aber die Funktion des Werkwohnungsbaus bestand niemals allein in der Wohnversorgung, sondern ebenso in der Akkulturation der agrarisch geprägten Arbeitskräfte und in der sozialen und politischen Disziplinierung der Belegschaften...

3.1. Motive für den Werkwohnungsbau Hemelinger Unternehmen

In allen analysierten Fällen sind als Primärursachen des werkinitiierten Wohnungsbaus
- der Mangel an von den Unternehmen gewünschten Arbeitskräften und
- das Defizit an günstigem Wohnraum
festzustellen.
'Gewünscht' soll in diesem Zusammenhang die gesamte Spannweite der jeweils geforderten Quantitäten und/oder Qualitäten umschreiben: sowohl bspw. das Interesse der Jute an vielen, billigen Arbeitskräften als auch das von Focke-Wulf an hochqualifizierten männlichen Facharbeitern. 'Günstig' sei ebenso nicht allein auf die Relation von Mietkosten und Wohnungsgrösse zu beziehen, sondern auch auf kurze Anfahrtswege, gute Reproduktionsbedingungen usw.

3.1.1. Gewinnung von Arbeitskräften

Wie oben erwähnt, deckte der örtliche Arbeitsmarkt den jeweiligen Werksbedarf nicht.
So versuchte die Jute vor der Jahrhundertwende den "Zangengriff" (BARFUSS 1986, S. 40) zwischen hohen regionalen Löhnen (z. B. der Hemelinger Zigarrenhersteller) und ausländischer Niedriglohnkonkurrenz durch Anwerbung auswärtiger Arbeitskräfte zu umgehen. Weil der Hemelinger Wohnungsmarkt nur sehr begrenzt aufnahmefähig war, gleichfalls ein im Wohnungsbau investitionswilliger Mittelstand völlig fehlte, sah sich der Betrieb zur Wohnfürsorge gezwungen - 'gezwungen', da er sich lange Zeit am wohntechnischen Minimum orientierte.
Die preußische Eisenbahnverwaltung stand 1914 vor dem Problem,

Beschäftigte vor den 'Toren Bremens' werben zu müssen, ohne
ein der Stadt vergleichbares kulturelles Angebot oder Anknüpfungspunkte an bestehende Sozialgefüge offerieren zu können.
Sie begegnete diesen Schwierigkeiten mit der Erstellung von
räumlich geschlossenen, sozial homogenen Siedlungen, hatte
aber auch den (zweifelhaften) Vorteil einer Zeit extremer Wohnungsnot und Arbeitsmangels nach dem I. Weltkrieg.
In Phasen wirtschaftlicher Aufschwünge stellten sich die Probleme für Focke-Wulf und Borgward etwas abweichend dar:
Beide Betriebe waren an der langfristigen Beschäftigung von
männlichen Facharbeitern interessiert, um die Herstellung ihrer hochwertigen Produkte zu gewährleisten. Ihr Wohnungsbau
kam in der Hauptsache dieser Gruppe zugute.

3.1.2. Bindung von Arbeitskräften

Die Vorteile einer Stammbelegschaft waren stets offensichtlich:
Zunächst wurde der Produktionsablauf gewährleistet (die Jute
konnte z. B. aufgrund Arbeitskraftmangels zeitweise Produktionskapazitäten nicht nutzen; der Ausbau der Flugzeugfertigung bei Focke-Wulf war Mitte der dreißiger Jahre wegen des
Facharbeiterdefizitsgefährdet).
Zweitens führte wachsende Vertrautheit mit den Betriebseinrichtungen immer zu Qualitäts- und Quantitätssteigerungen.
Drittens wurde eine 'innere Verbundenheit' dem Werk gegenüber
gefördert (die zahlreichen produktionstechnischen Verbesserungsvorschläge seitens der Belegschaften beim AW, bei Focke-Wulf
und Borgward mögen das Interesse an ihren Betrieben auch nach
Feierabend hinlänglich beweisen).

3.1.3. Konzentration der Arbeitszeit

Wohnungen in Betriebsnähe zu schaffen, hieß schon immer eine
der Hauptforderungen an den Werkwohnungsbau (vgl. HEINRICH
1970, S. 144f). Keine der zu beschreibenden Siedlungen ist
weiter als 2 km von der Produktionsstätte entfernt errichtet
worden.
Ausschlaggebend hierfür sind zwei Gründe gewesen:

- Die Reproduktionszeiten der Arbeiter/-innen wurden ausgedehnt. Es entfielen lange, beschwerliche Anfahrtswege.
- So erfolgte eine Optimierung des Arbeitseinsatzes, da ausgeruhte Arbeitskräfte mehr und besser produzierten. Vor allem bei Branchen, die sich zum beträchtlichen Teil auf technisch hoch versierte Belegschaften gestützt haben, ist dieser Aspekt evident.

3.1.4. Zugriff auf die Löhne

Die Investitionen in den Wohnungsbau, die Darlehnshypotheken für den Eigenheimerwerb waren für die Unternehmen keinesfalls verlorenes Kapital, sondern Kredite auf die Zukunft.

Dem Lohnfonds der Jute fiel "die Aufgabe zu, Produktionsschwankungen, heftige Ausschläge der Rohstoffpreise und den Dumpingwettbewerb der indischen und schottischen Konkurrenz auf dem Weltmarkt zugunsten stabiler Dividenden abzusichern." (BARFUSS 1986, S. 98)
Es war daher beabsichtigt, das Arbeitsentgelt so weit wie möglich vom freien Markt abzukoppeln. Eventuellen Wuchermieten, überzogenen Essenspreisen, Versicherungsbeiträgen u. ä. wurde ein werksseitiges Angebot an Wohnungen, Kantinen sowie sozialer Betreuung (eigene Krankenkasse, Sanitäter usw.) gegenübergestellt. Um die Löhne langfristig gering halten zu können, mußte die Partizipation Dritter an ihnen weitgehend ausgeschlossen werden. So berührten höhere Lebensmittelpreise, steigende Wohnkosten etc. die Jutearbeiter/-innen allenfalls am Rande.
Noch intensiver als die Jute 'sorgte' sich die Eisenbahnverwaltung um ihre Mitarbeiter/-innen. Neben einer besseren Entlohnung und einer umfangreichen betrieblichen Sozialpolitik plante sie die meisten ihrer Siedlungshäuser mit für Nutzkultur ausreichenden Gartenflächen. Fungierte der Garten anfänglich vorrangig als Rekreationsbereich, als Ausgleich zu monotoner, oft gesundheitsschädigender Industriearbeit, so konnten nun die Siedlerfamilien ihre Lebensmittelvorräte ergänzen, in

Krisenzeiten sicherstellen. Die AW-Siedlung war ferner ausreichend mit, zum Teil werkseigenen, Versorgungseinrichtungen ausgestattet, dementsprechend konnte das Wohnen und Arbeiten auf einen kleinen Raum begrenzt werden.
Für Focke-Wulf und Borgward lassen sich geänderte Unternehmensstrategien ausmachen: Die Hausinteressenten/'innen wurden durch langfristige Werksdarlehen an die Betriebe gebunden.

3.1.5. Schaffung von Wohnabhängigkeit

"Wer Wohnung und Arbeit anbietet, erzeugt Wohn- und Lohnabhängigkeit in einem und hat damit den ganzen Mann, die ganze Familie in der Hand." (SELLE 1986, S. 352)

Die Werke übten also Macht im zweiten Teil des Tages, der Freizeit, aus. Nachbarschafts- und Familienkonflikte, politische Aktivitäten, auch unbegründetes Krankfeiern blieben den Geschäftsleitungen nicht verborgen. Die Belegschaften konnten noch vollständiger kontrolliert werden.
Dabei hatte die materielle Basis dieser doppelten Abhängigkeit ganz unterschiedliche Gesichter. Koppelte die Jute Arbeits- und Mietverhältnis direkt (solange man dort arbeitete, konnte man in einer Werkwohnung wohnen), war der Arbeitsvertrag beim AW Voraussetzung für die Mitgliedschaft beim Bauverein (ergo günstigen Wohnraum), so sollten die Focke-Wulf- und Borgwardhäuser nach mehrjährigen 'Bewährungszeiten' für immer in den Besitz der Siedlerfamilien übergehen. Konflikte in diesen Perioden bewirkten im ungünstigen Fall allerdings den Verlust der Erwerbsberechtigung. Selbst nach der Besitzüberschreibung zog die Kündigung des Arbeitsverhältnisses die Rücknahme der Zins- und Tilgungsvergünstigungen nach sich. Im übrigen behielten Focke-Wulf und Borgward die zu entrichtenden Raten gleich von den Arbeitslöhnen ein.

3.1.6. Akkulturation und Erziehung

In einer Besprechung über die Wohnfürsorge für Eisenbahnbedienstete führte der preußische Regierungsrat Kühne 1922 aus:

"Soll für den Arbeiter eine besondere Wohnstube beibehalten werden? Viel ist dagegen vorgebracht worden, sie dem Arbeiter zu gewähren. Wenn aber mit der neuen Wohnungsbautätigkeit eine Verbesserung der früher recht mangelhaften Wohnverhältnisse gerade der unteren Schichten und damit ein wesentlicher und politisch notwendiger Schritt zu ihrer kulturellen Höherentwicklung getan werden soll, so wird die Wohnstube nicht entbehrt werden können. Der Sonntagsanzug als äußeres Zeichen dessen, daß er nicht nur Arbeitstier ist, die gute Stube als Schmuck seines Heimes wird den Arbeiter besser als Bürger erziehen als die Überredungskünste politischer Ideologen." (zit. bei BUSCH u. a. in: EJA 1985, S. 317)

In der ersten Phase des Hemelinger Werkwohnungsbaus (- 1918) galt es, Menschen, deren Bewußtsein und Lebenseinstellungen bis dahin von der Landarbeit bestimmt wurden, für das Leben und die Arbeit in der Industriegemeinde zu 'kultivieren'.
Die Jute begann mit dem Bau von Mietskasernen und -häusern in Sichtweite der Produktionsstätten. Sie schuf ein ethnisches Getto. Dieser erste Akkulturationsversuch schlug völlig fehl: Die Arbeitskräftefluktuation blieb hoch.
In der zweiten Phase (- 1938) wurde, beeinflusst von Gartenstadtideen und funktionierenden Siedlungsmodellen im Ruhrgebiet, das werksnahe Wohnen im Grünen, in der Kolonie propagiert. Die Arbeiter/-innen bekamen kleine Gartenflächen zugeteilt, die Wohnbedingungen näherten sich denen ihrer Sozialisation (Landwirtschaft, Dorf). Mietskasernen galten mittlerweile als "sozialismusverdächtig" (KASTORFF-VIEHMANN in: NIETHAMMER 1979, S. 278).
Die dritte Phase (ab 1936), es lebte bereits die zweite bzw. dritte, städtisch geprägte, Generation der Industriearbeiter/-innen in Hemelingen war durch die Möglichkeit des Eigentumerwerbs gekennzeichnet. Die Belegschaften sollten durch Be-

sitz räumlich gebunden werden und 'verbürgerlichen'.

Die Problematik des Hauseigentums für Arbeiter/-innen wird bis heute äußerst kontrovers diskutiert (vgl. exemplarisch MAUTHE u. a. 1983, PETSCH 1975), insbesondere mit Blick auf die Wohnstandortbindung, kleinräumige Bauweisen, höhere finanzielle Belastungen und Auswirkungen auf das Sozialverhalten (Differenzierung statt Solidarität - so können heute bspw. in der AW-Siedlung zwischen Genossenschaftsmitgliedern und Eigenheimbesitzer/-innen unterschiedliche Auffassungen in bezug auf die bauliche Gestaltung, Gartenpflege etc. beobachtet werden).

4. Die Jute: Der Zweck heiligt die Mittel

1873, noch im Zeichen des konjunkturellen Aufschwungs der Gründerjahre, wurde in Hemelingen unter maßgeblicher Beteiligung des Bremer Handelskapitals die 'Bremer Jute-Spinnerei und -Weberei, Hemelingen' gegründet.
Jute, die nach Baumwolle wohl bedeutenste Faserpflanze, hatte vor allem als Rohstoff zur Herstellung von Verpackungsmaterialien, Garnen, später auch Linoleumböden gedient. Die neuen Jutefabrikanten orientierten sich demzufolge bei ihrer Standortwahl an Verbrauchsorten der Fertigerzeugnisse, besonders an Branchen mit hohem Packmittelbedarf.
Ihre Produktionsstätten "konnten sich auf keinerlei Tradition berufen; Zielsetzungen, Marktbindungen und personelle Strukturen hatten nichts zu tun mit dem einst blühenden vorindustriellen Textilgewerbe Nordwestdeutschlands, das auf handwerklich oder verlagsmäßig organisierten Produktionsweisen beruht hatte und dessen Beschaffung und Absatz im wesentlichen auf den regionalen Markt beschränkt geblieben war." (BARFUSS 1986, S. 36)
Trotz Dumpingwettbewerbs indischer und schottischer Anbieter behauptete sich die deutsche Juteindustrie lange Zeit durch die Vorteile des staatlichen Protektionismus seit 1878, aber auch durch rationellere Arbeitsweise, höhere Produktivität und bessere Fertigungsqualität. Dem heftigen inländischen Konkurrenzkampf begegnete man 1904 durch Kartellabsprachen

und Bildung eines nationalen Jutesyndikats, dessen Aufgabe die Stabilisierung der Preise und Produktionsmengen war.

Die Jute Hemelingen erhöhte ihre Fabrikationskapazität von ursprünglich 2712 Spindeln auf 4138 (1882) und schließlich auf 5738 (1908). In wirtschaftlichen Haussen beschäftigte sie ca. 1200 Arbeiter/-innen. Die Aktionärsdividenden betrugen in der Zeit bis 1909 selten unter 10% des Nennwertes (vgl. ECKSTEIN o. J., S. 1001).
Da in Hemelingen und seinem Umland nur begrenzte Arbeitskraftreserven zur Verfügung standen, die Bevölkerung zudem erhebliche Aversionen gegen Art und Entlohnung der Arbeit zeigte (vgl. BARFUSS 1986, S. 41), warb die Jute auswärtige Arbeiter/-innen, zunächst aus den ehemaligen Webereizentren Böhmen und Mähren.

"Unternehmenspolitische Absicht war die Ausnutzung der Unerfahrenheit der Zuwanderer, ihrer noch überwiegend ständischfeudal geprägten Einstellungen und der damit verbundenen Botmäßigkeit, vor allem aber ihre Anspruchslosigkeit, die sie die Existenzbedingungen in Nordwestdeutschland, gemessen an den zurückliegenden Erfahrungen, als soziale Wohltat und bedeutenden Fortschritt empfinden ließen." (BARFUSS 1986, S. 135)

Trotzdem kam es im Betrieb immer wieder zu Konflikten, deren Intensität sich in hohen Arbeitskräftefluktuationen ausdrückt. Beim größten Streik 1899 wanderte die Hälfte der Belegschaft ab!
Ursachen für die Auseinandersetzungen waren neben den Löhnen - im Vergleich der drei ´bremischen´ Jutefabriken (Walle, Hemelingen, Delmenhorst) zahlte die Hemelinger die geringsten (vgl. BARFUSS 1986, S. 50) - die inhumanen Arbeitsbedingungen:
Im Innern der Gebäude herrschte eine sehr hohe Luftfeuchte. Verbunden mit starker Staubentwicklung förderte sie die Krankheitsanfälligkeit der Belegschaft außerordentlich (1888 wurde die erste Massenerkrankung verzeichnet; Jutearbeiter/-innen erkannte man auf der Straße sofort an ihren bleichen Gesichtern; vgl. BARFUSS 1986, S. 44 und DÜWEL 1958, S. 53f).

Die Sterblichkeitsrate in Hemelingen soll nach KIRCHHOFF
(in BRILL 1984, S. 159) höher als in Berlin gelegen haben.
Während der langen Arbeitszeiten (11 h: von 6 - 18.15 Uhr
incl. zweier Pausen) offenbarten sich gar neue Formen von
Leibeigenschaft:
"Früh morgens nach Arbeitsbeginn wurden die Tore geschlossen:
 wer dadurch mehrmals fehlte, mußte mit Abzug rechnen; wer
 'blauen Montag'machte, wurde der Polizei angezeigt."
(KIRCHHOFF in BRILL 1984, S. 156)
Konnte die Abwanderung der Arbeiter/-innen durch Neuanwerbungen lange Zeit egalisiert werden - nach Menschen aus
Böhmen und Mähren kamen Frauen und Männer aus Galizien, später aus der Tschechei und Ruthenien -, so wurde jene Art
der Arbeitskräftebeschaffung nach der Jahrhundertwende schwieriger. Einerseits stellte sich das Menschenpotential als endlich dar, andererseits konnten nur deutlich bessere Löhne und
Lebensbedingungen die Landarbeiter/-innen zum Verlassen ihrer
Heimatgebiete bewegen.
In Hemelingen wurden 1910 805 österreichische Staatsangehörige
gezählt (1895: 187, 1905: 785). Vermutlich waren mehr als die
Hälfte der Jutebelegschaft ausländischer Herkunft. Addiert
man hierzu die Anzahl der Deutsch-Polen/'innen belief sich
die Summe auf rund drei Viertel (vgl. BARFUSS 1986, S. 48).

Die Jute intensivierte ab 1908 den Werkwohnungsbau, um durch
"Wohlfahrtfesseln" (BARFUSS 1986, S. 136) sich einen festen,
aber kostengünstigen Arbeitskräftestamm zu sichern. Nichtsdestotrotz kam es u. a. wegen Belegschaftsdefiziten zu Produktionseinstellungen im Jahre 1911 und während des I. Weltkrieges.

Nach 1918 sah sich die Geschäftsleitung nicht nur einer stärkeren ausländischen, sondern auch zunehmender Konkurrenz der
Kunststoffindustrie ausgesetzt. Bei einem Feuer 1925 brannte
ein großer Teil der mittlerweile völlig veralteten Fertigungskapazitäten ab. Weit mehr als die Hälfte der Arbeiter/- innen
wurde entlassen. 1929 führten Schwierigkeiten mit der Steuerbehörde und einer Feuerversicherungsanstalt zur endgültigen

Betriebsstillegung.
Versuche, die Produktion wiederaufzunehmen, scheiterten, der letzte 1933. Das Geschäftsvermögen - die Aktienmehrheit hielt in den letzten Jahren ein Düsseldorfer Unternehmer - wurde allerdings erst 1936 liquidiert. Auf dem ehemaligen Werksgelände errichtete Focke-Wulf (s. d.) ein Zweigwerk.

4.1. Genese der Jute-Siedlungen

Legt man die Daten der Reichswohnungszählung von 1927 (StaB 6,6/1-XVIII.e.Abt.26.Nr.B.8.) zugrunde, so bewirtschaftete die Jute in diesem Jahr noch rund 10% des Hemelinger Wohnungsbestands. Eine beachtliche, vor allem aber bedenkliche Zahl, da somit etliche Hemelinger/-innen trotz vielfältiger Gesetzesinitiativen seit 1918 und trotz kommunaler Bautätigkeit unter zumeist katastrophalen Bedingungen leben mußten.

4.1.1. Nichts zu viel - Diedrich-Wilkens-Str./Girardonistr.[+)]

Ein wichtiges Motiv für den Wohnungsbau der Jute im letzten Jahrhundert war das Defizit an geeigneten, d. h. primär kostengünstigen Unterkünften für die neu geworbenen Arbeitskräfte. Wäre auf ihn verzichtet worden, so hätte die potentielle Nachfrage unweigerlich zu Wuchermieten geführt (vgl. Blumenthal als ähnlichen Fall bei LEOHOLD 1986, S. 133). Hohe Mieten hätten aber wiederum höhere Löhne erfordert, um das Existenzminimum zu gewährleisten.
In dieser ersten Bauperiode wurden die 'Kasernen' in der heutigen Diedrich-Wilkens-Str. sowie die 'Spinnhäuser' (Girardonistr.) und eine unbekannte Anzahl an Behelfsheimen auf dem Werksgelände errichtet (die Spinn- bzw. Girardonistr. wird erst seit 1918 öffentlich verwaltet!).

[+)] Anm.: Infolge der Eingemeindung Hemelingens sind häufig Straßen umbenannt worden. In meiner Arbeit benutze ich zum leichteren Verständnis und zur besseren Orientierung ausschließlich die aktuellen Namen.

Die Heime beherbergten unverheiratete Männer und Frauen, zum Teil in Schlafsälen, zum Teil in winzigen Räumen, die zu dritt geteilt werden mußten.

Die zweite Bauperiode ab 1908, welche die weitere Bebauung der östlichen Diedrich-Wilkens-Str. eingeschlossen hat, erscheint als Reaktion auf betriebliche Arbeitskämpfe, erhebliche Arbeitskraftfluktuationen und auf das Schrumpfen des noch verfügbaren Menschenpotentials. So zwang die 'Germanisierungspolitik' des Deutschen Reiches die Jute zur Anwerbung von Ruthenen/'innen, die sozial und auf den Arbeitsprozeß bezogen als nur schwer integrierbar galten (vgl. BARFUSS 1986, S. 47f).

Bei der Planung und Ausführung der erwähnten Häuser orientierte sich das Werk an den untersten wohntechnischen Notwendigkeiten. Die sanitären und hygienischen Vorrichtungen erwiesen sich als völlig unzureichend. Erhebliche konstruktive Mängel führten nach dem I. Weltkrieg zu baupolizeilichen Inspektionen. Ferner waren einige Häuser ständig überbelegt, entweder aus Untervermietungen resultierend oder durch Zwangseinquartierungen, insbesondere nach Ankunft neu geworbener Menschen. In der Diedrich-Wilkens-Str. wurden bspw. die Dachgeschosse wider den baurechtlichen Bestimmungen von der Jute vermietet (vgl. StaB 6,6/1-XII.m.36.12.C.30.). Bei der Wohnungszählung 1918 registrierte man im Haus Nr. 102 23 Bewohner/-innen für zwei reguläre Zweizimmerwohnungen (StaB 6,6/1-XVIII.e.8.Abt.XIII.Nr.11.).

Die Siedlungsanlage provozierte eine Gettoisierung: Sie ließ zur ethnisch-sozialen (niedriges Einkommen, andere Religion, Nationalität, Sprache usw.) die räumliche Distanz treten. Kontakte zur einheimischen Bevölkerung, welche, euphemistisch ausgedrückt, 'verhalten' reagierte, konnten nur schwer oder gar nicht hergestellt werden.

Die ausländischen Jutearbeiter/-innen wurden sozial ausgegrenzt. "Der Ausbruch der Gastarbeiter aus ihren Wohnenklaven (vollzog sich) deutlich langsamer als in Blumenthal." (BARFUSS 1986, S. 149)

4.1.2. Die Kasernen

Die Hausnummern 53 und 53a in der ehemaligen Ludwigstraße markieren noch heute das dunkelste Kapitel Hemelinger (wahrscheinlich auch Bremer) Wohnungsbaugeschichte.
Die 'Kasernen' der Jute sind zumindest älteren Hemelingern/'innen ein Begriff, wobei die Bezeichnung fast beschönigend klingt, denn jede Soldatenunterkunft ist in qualitativer Hinsicht jenen Bauten überlegen gewesen.
Bis zum vollständigen Abriß nach dem letzten Kriege wohnte dort ein Subproletariat. Menschen, fern ihrer Heimat, in einen industriellen Lebensraum im wahren Sinne des Wortes 'verfrachtet'.
47,5 Wohnungen, bestehend aus einem oder zwei Zimmern, stellte das Werk in den 'Kasernen' seinen Arbeitern und Arbeiterinnen zur Verfügung. Die Räume sollten hauptsächlich als Familienunterkünfte dienen. Da die Familien meist zahlenmäßig groß waren, der Lohn, der empfangen wurde, sich am Existenzminimum orientierte, nahmen sie oftmals Schlafgänger und Untermieter auf, um auf diese Weise die Mietbelastung zu reduzieren. Zeitweise belegten zwölf Personen ein einziges Zimmer (vgl. WOLTERS 1974, S. 155).
Eine ehemalige Bewohnerin verdeutlichte im Gespräch mit BRILL (1984, S. 88f) die Wohnbedingungen:
"Da war eine Stube und eine kleine Küche und ein kleiner Balkon mit einer Mauer, wo so ein Ding eingebaut war, was die Toilette war. Es gab weder Elektrizität noch Heizung. Natürlich Petroleumlampen und einen Kochherd. Aber es gab zu viele Türen. Eine davon war immer zugestellt. Mit einem Schrank meistens. Wo hätte man sonst so was stellen können? An einer Seite Fenster und an drei Seiten je eine Tür. Wir haben gehungert und gefroren. Wir haben auf Strohsäcken geschlafen."
Wenn die Eltern morgens zur Arbeit gingen, wurden die Kinder ausreichend mit Essen versorgt und aufgrund fehlender Aufsichtspersonen in die Wohnungen eingeschlossen.

1933, die Jute hatte mittlerweile ihre Produktion eingestellt, dienten die 'Kasernen' meistens als Quartier für Arbeitslose (größtenteils ehemalige Werksangehörige). Ein Gutachten über den Bauzustand der Gebäude aus diesem Jahr klassifiziert die Wohnungen als "minderwertig":

Die Außen- und Innenwände waren feucht, der Holzfußboden durchweg abgenutzt (die Fugen maßen teilweise 0,5 cm!), das Dach großflächig undicht, die Abortanlagen oft nicht benutzbar, in die Erdgeschoßräume drang Wasser ein, da keine Zwischendecke existierte und der Obergeschoßfußboden sich als schadhaft erwies. "Ob ein Bewohnen in gesundheitlicher Hinsicht angebracht erscheint, ist mir zweifelhaft", notierte der damalige Gutachter Bormann (StaB 6,6/1-XII.m.36.12.C.30)

Noch drei Jahre verwaltete die Jute formal die beiden Mietshäuser. Sie unterließ jede Instandsetzungsmaßnahme. Die Mieter/-innen mußten ihre Fensterscheiben, wenn diese zerbrachen, mit Papier ausfüllen. Im Holzfußboden entstanden große Löcher, die mit Ziegelsteinen(!) gestopft wurden (vgl. Schriftverkehr Landgericht - Jute - Gemeinde Hemelingen im Januar 1936).
Auch nach der Liquidation der Jute mußten noch neun Jahre Menschen unter ähnlichen Bedingungen in den 'Kasernen' leben.

Exkurs: Das Private wird öffentlich - Ursachen des Übergangs zum 'werkgeförderten Wohnungsbau'

Bis zum I. Weltkrieg blieb der Wohnungsbau, den Gesetzen der Wirtschaftsliberalität folgend, privater Initiative überlassen. Der staatliche Einfluß beschränkte sich auf die Schaffung der verwaltungsrechtlichen Grundlagen (Bebauungspläne, Baufluchtlinien, -ordnungen), seit Ende des 19. Jh.s auch auf die Erstellung von Wohnungen für eigene Bedienstete (Eisenbahn). Seit 1916 wurde das freie, privatwirtschaftliche System allmählich durch staatliche Reglementierungen substituiert. Die Gründe hierfür sind in der geringen Bautätigkeit während und in dem erwarteten großen Wohnraumbedarf nach dem

Kriege zu suchen:
Bedingt durch hohe Löhne der Rüstungsindustrie kam es seit 1914 zu vermehrten Land-Stadt-Migrationen. Rohstoffmangel brachte gleichzeitig alle Bauvorhaben zum Erliegen. Da für den Wohnungsbedarf nach dem Krieg nicht die Zahl der Gesamtbevölkerung entscheidend sein würde, sondern die Anzahl der Haushaltungen, ließen sich Menschenverluste nur begrenzt als exonerierend einrechnen. Eine Wohnungsnot schien absehbar!

Auch Hemelingen offenbarte sich nicht als Ausnahme von der Regel. Zwar konnten die Hemelinger Fabrikanten aufgrund ihrer Rohstoffabhängigkeit nur recht eingeschränkt produzieren, zwar verließen im Zeitraum von 1914 - 1918 rund 800 Menschen die Gemeinde, aber das Minus wirkte sich nur kurzfristig entlastend auf den Wohnungsmarkt aus. Zudem profitierten nur bestimmte unattraktive Gegenden (Jute) von den Abwanderungen. Familienneugründungen und Kriegsheimkehrer verursachten schon bald auch eine lokale Wohnungsnot.

Entwicklung der Hemelinger Bevölkerung von 1914 - 1919:
        1914: 7967 Menschen
        1918: 7134 "
        1919: 8110 "

        nach: WOLTERS 1974, S. 87 und StaB 6,6/1-
        XVIII.e.8.Abt.XIII.Nr.11.
        s. auch Anhang

Noch vor Ende des Krieges beschloß Preußen die Einführung der Wohnungszwangswirtschaft, die einen weitgehenden Schutz für Mieter/-innen und die Möglichkeit der Wohnraumrequirierung implizierte. Das preuß. Wohnungsgesetz vom 28.3.1918 definierte die Herstellung von Kleinwohnungen und den Bau von 'gesundem' Wohnraum als Aufgaben des Staates.
Besonders zu begünstigen hat er seitdem "Gemeinden, in denen vermehrter Wohnungsbedarf durch Zuwanderung besteht oder in denen die Produktivität der Industrie dadurch gekennzeichnet ist, daß entweder nicht genügend Arbeitskräfte aufgrund feh-

lender Wohnungen angestellt werden können oder die vorhandenen Arbeitskräfte durch unzureichende Wohnverhältnisse in ihrer Leistungsfähigkeit beeinträchtigt sind. Staatliche Hilfe erhalten deshalb auch werksgeförderte Wohnungen, reine Werkwohnungen hingegen nicht." (PELTZ-DRECKMANN 1978, S. 59) Den Betriebsräten wurde per Gesetz zusätzlich ein Mitspracherecht bei der Bewirtschaftung und Belegung von betriebseigenen Wohnungen eingeräumt.

Die fatale ökonomische Situation des Deutschen Reiches nach 1918, die Inflation, insbesondere die Preisentwicklung auf dem Baumarkt, ließen ein rentables Bauen nach Kosten-Mietrelation für Privatunternehmen unmöglich erscheinen. Die gesamte Neubautätigkeit war zunächst auf öffentliche Subventionen angewiesen.

Der traditionelle Werkwohnungsbau trat demzufolge immer weiter hinter neuen Beteiligungsformen zurück. Aufgrund von Unternehmensinitiativen wurden immer häufiger 'gemeinnützige' Baugesellschaften gegründet.

4.1.3. Unter dem Mantel der Gemeinnützigkeit - Osterhop/ Osternadel/Am Ziegelberg

"Nicht als Werkwohnungen gelten Wohnungen solcher gemeinnütziger Bauvereinigungen, die von Arbeitgebern und Arbeitnehmern - möglichst aus verschiedenen Unternehmungen und unter Hinzuziehung Nichtwerkangehöriger oder der Gemeinde - gebildet werden." (Bestimmungen des REICHSRATES über die Gewährung von Darlehen aus Reichsmitteln zur Schaffung neuer Wohnungen vom 10. Jan. 1921 in: StaB 6,6/1-12.c.20.XII.m.3.a.)

Die dritte Bauperiode der Jute begann im Frühjahr 1922 mit der Errichtung der Siedlung Osterhop etc. Zu diesem Zweck wurde die 'Gemeinnützige Baugesellschaft' gegründet. Jene Rechtsform erwies sich als notwendig, um staatliche Darlehen und Zuschüsse (s. o.) beantragen zu können. ALBRECHT (1930, S. 270) definiert als Merkmale der Gemeinnützigkeit u. a.: "In der Regel gilt die Bereitstellung von Kleinwohnungen für

Minderbemittelte als gemeinnütziger Zweck; die geschaffenen
Wohnungen müssen ferner der Allgemeinheit zugute kommen;
aus der Beteiligung an den Unternehmen darf den Beteiligten höchstens ein Gewinn zufließen, der einer jährlichen
Verzinsung von 5% des Kapitals entspricht; bei Zurückziehung der Kapitalbeteiligung oder bei Auflösung des gemeinnützigen Unternehmens dürfen die Beteiligten nicht mehr als
das eingezahlte Kapital zurückerhalten..."
Das Grundprinzip der gemeinnützigen Wohnungswirtschaft ist
also der ´Tausch´ von steuerlichen Privilegien und bevorzugter Förderung gegen freiwillige Zweck-, Vermögens- und Überschußbindung.

Die Motive der Jute waren keinesfalls ´uneigennützig´!
Das Werk kontrollierte die neue Gesellschaft vollständig.
Es stattete das Unternehmen mit einem Grundkapital aus. Als
Geschäftsführer wurde ein Jute-Angestellter bestellt, den
Firmensitz etablierte man auf dem Gelände der Spinnerei.

Gebaut wurde in Zeiten rascher Geldentwertung, den ursprünglichen Sinn der Gemeinnützigkeit diametral verkehrend, spekulativ. Es war beabsichtigt, Sachwerte (Wohnhäuser) zu schaffen und die eingegangenen Verbindlichkeiten mit wertlosem Papiergeld zu tilgen. Mit Einführung der Rentenmark im November 1923 galten die Häuser als entschuldet. Letztlich belegte man die neuen Wohnungen beinahe ausschließlich mit eigenen Belegschaftsangehörigen.

Bezüglich Architektur und Finanzierung kam es schon in der
Planungsphase zu heftigen Diskussionen um das Projekt. Der
Gemeindevorsteher bezeichnete die ersten Bauentwürfe (zweigeschossige Reihenhausketten für insgesamt 124 Familien) als
"Mietskasernenkolonien" und die bestehende Jute-Siedlung als
"Ärgernis" (StaB 6,6/1-XII.m.45.). Er forderte eine Anpassung
an den ortsüblichen Baustil und Erweiterungen der Wohngrundflächen (die Jute hatte Schlafkammern von 5,5 m^2 bis 7,5 m^2
Größe geplant). Forderungen, denen die Bauherren mit ihrer

endgültigen Konzeption entsprachen:
Vierfamiliendoppelhäuser mit kleiner Gartenfläche; Gesamtvolumen: 82 Wohneinheiten.
1929 sollte die Siedlung durch eine Bebauung zweier werkseigener Grundstücke (Hinter den Ellern/Auf dem Vorbrock) erweitert werden, die Weltwirtschaftskrise sowie die Betriebsstillegung machten diese Absicht zunichte.
1931 verhandelte die Jute mit der kommunalen 'Gemeinnützigen Bau- und Siedlungsgesellschaft/GeBauSie' über den Verkauf des vollständigen Wohnungsbestandes, angeblich um so Kapital für eine erneute Produktionsaufnahme in Hemelingen freizusetzen (vgl. StaB 6,6/1-XII.m.36. und -XII.m.37.). Die Verhandlungen scheiterten an der unüberbrückbaren Differenz zwischen Werkforderung (650000,- RM) und Gemeindeangebot (265000,- RM), so daß der Status quo bis zur Betriebsliquidation beibehalten wurde (vgl. StaB 6,6/1-XII.m.38.).
Während die Häuser an der Girardonistr. (je nach Größe für RM 4200,- bis RM 4600,-) und der Diedrich-Wilkens-Str. (bis auf die 'Kasernen') an private Interessenten veräußert wurden, erwarb die 'Deutsche Dampfschiffahrtsgesellschaft Hansa' die Wohnkolonie Osterhop etc. Mitte der fünfziger Jahre stand dann auch letztere für rund DM 40000,- je Haus zum Verkauf an.

4.2. Räumliche Erscheinungsbilder der Jute- Siedlungen

Die beiden Jutesiedlungen haben sich ihren Genesen entsprechend völlig konträr entwickelt: Werden die Häuser an der Diedrich-Wilkens-Str./Girardonistr. von Wohnungssuchenden, sofern sie einigermaßen solvent sind, noch heute möglichst gemieden, so sind die am Osterhop etc. begehrt.

4.2.1. Das ewige Aschenputtel

Die Diedrich-Wilkens-Str. und die Girardonistr. sind nie anziehende Wohngebiete gewesen. Hier haben lange Zeit die Ärmsten der Armen gelebt, ein Stigma, das sich als sehr zeitbeständig erwiesen hat. Die enge räumliche Verzahnung von Industrie- und Wohnflächen hat sich stets negativ auf den Status des Gebiets ausgewirkt.

Ist die ehemalige Ludwigstr. bis 1945 ein belebter Verkehrsweg mit etlichen florierenden Geschäften gewesen, welche die Gunst eines anliegenden Industriewerkes (Jute bzw. Focke-Wulf) mit zahlenmäßig starker Belegschaft und die Vorteile vieler Anwohner/-innen genutzt haben, so stellt sich die heutige Diedrich-Wilkens-Str. als zur Nebenstraße degradiert dar.

Die Ursachen für den Niedergang des kommerziellen Lebens waren zunächst allgemeinökonomische Veränderungen - besonders das Vordringen von Supermärkten auf Kosten kleinerer mittelständischer Unternehmen -, dann aber auch ein straßenspezifischer Anwohner(innen)schwund und Strukturveränderungen durch städtebauliche Maßnahmen (so schneidet die Straßenüberführung Brüggeweg die Diedrich-Wilkens-Str. sowohl von der dortigen Geschäftsstr. als auch vom Autoverkehr ab).

4.2.2. Siedlung Diedrich-Wilkens-Str./Girardonistr.

Die Wohnhäuser erinnern sehr an Varianten des 'Bremer Haus'. In der Girardonistr. existierte bis 1945 vorrangig eine Variation der kleinsten Grundform: als Reihenhaus gebaut, traufenständig mit Satteldach, ohne Vorhof, mit einem Hauptgeschoß, in dem sich Wohnbereich und Küche befinden, sowie einem Dachgeschoß mit Schlafbereich.
Beim Wiederaufbau der stark kriegszerstörten Häuser orientierte sich ein Teil der Eigentümer/-innen an dem schon bestehenden zweiten Haustyp. Sie stockten um jeweils ein Stockwerk auf. Das einstige Verhältnis von sechzehn eingeschossigen gegenüber acht zweigeschossigen Häusern in der Straße stellt sich heute genau umgekehrt dar.
Der erwähnte zweigeschossige Haustyp wurde von der Jute mit je zwei Mietparteien belegt. Den jeweiligen Bewohner/-innen standen auf ihren Ebenen ein kleiner Wohn-und Schlafbereich sowie eine Küche zur Verfügung. Die Toiletten befanden sich (wie auch im ersten Fall) im hinteren Hof.

Neben den Hauptveränderungen, den Gebäudeaufstockungen, haben sich die durchgeführten Renovierungen zumeist auf die Fassaden (Farben, Verblendungen) sowie auf Fenster und Türen (Isolierverglasungen, Außenjalousien) beschränkt. Die Sanitäreinrichtungen sind in oder an die Häuser integriert bzw. angegliedert worden. Größere An- und Umbauten lassen sich - wohl grundstücksflächenbedingt - nicht verzeichnen. Insgesamt bietet die Girardonistr. dem Betrachter ein recht harmonisches Erscheinungsbild, ganz im Gegensatz zu den Jutehäusern in der Diedrich-Wilkens-Str.:

Dort befinden sich ebenfalls architektonisch am 'Bremer Haus' ausgerichtete, zweigeschossige, traufenständige Doppelhäuser mit kleinen Vorgärten. Im Unterschied zu bremischen Beispielen existieren ebenerdige Eingänge, demnach auch keine Souterrainwohnungen.

Gesteht man den augenblicklichen Eigentümern/'innen fehlendes Eigenkapital bei Erneuerungsmaßnahmen zu und bezieht weiterhin die immensen Kriegszerstörungen mit ein, so muß doch die Fassadenneugestaltung insgesamt als 'vollständig mißlungen' bewertet werden:

Glattputz und Blendstein statt der ursprünglichen Ornamente 'verzieren' allzu oft die Häuserfronten. Neue Fensterflächen sind zum großen Teil kleiner als die originalen. Häufig ersetzt ein großes Fenster zwei ursprüngliche. Da die Doppelhäuser nicht als Einheit verkauft worden sind, haben sich Änderungen stets auf nur eine Haushälfte beschränkt. Resultat ist ein äußerst unruhiges Erscheinungsbild.

Die Häuser haben ihre Identitäten verloren, aber vielleicht entspricht gerade dieser Verlust den Interessen der Eigentümer/-innen?

4.2.3. Weg vom Stigma

Einst im Grünen gelegen, heute durch viele Neubauten fest mit dem Ortsteil Hemelingen verwachsen, heben sich die ehemaligen Jutehäuser der Wohnkolonie Osterhop etc. wohltuend vom benachbarten Sozialwohnungseinerlei der Nachkriegszeit ab.

Wie schon unter 4.1.3. erwähnt, stehen und standen die Häuser

im räumlichen und architektonischen Kontrast zu denen der Diedrich-Wilkens- und Girardonistr. Sie entstanden nach dem I. Weltkrieg und waren zunächst Domizile bereits assimilierter Arbeitskräfte.
Sie wurden überwiegend als Vierfamiliendoppelhäuser errichtet. (dominater Typ: traufenständig mit Krüppelwalmdach und Schleppgauben, nicht unabsichtlich an die AW-Häuser erinnernd, vgl. StaB 6,6/1-XII.m.45.). In den fünfziger Jahren, nachdem über dreißig Jahre (!) keine nennenswerten Investitionen in die Instandhaltung seitens der Eigentümerinnen (Jute bzw. DDG Hansa) erfolgte, sollte die gesamte Siedlung einer Flächensanierung zum Opfer fallen. Dank vieler privater Kaufinteressenten/´innen, die ein großes Quantum an Eigenarbeit und -kapital einsetzten, konnte dieses Ereignis verhindert und die Gebäude mal mehr, mal minder ansprechend renoviert werden.

4.2.4. Siedlung Osterhop/Osternadel/Am Ziegelberg

Die Erschließung des Flurstücks mittels Verlängerung des Osterhop bis zur Osternadel und durch Anlage einer neuen, rechtwinklig verlaufenden Verbindungsstraße (Am Ziegelberg) läßt die Siedlung als Rechteck, welches bis heute räumliche Absonderung und Geschlossenheit zugleich vermittelt, erscheinen.
Die Grundstücke sind relativ klein bemessen (ca. 415 m^2). Da oft jedoch, statt anfangs zwei, nur eine Familie eine Haushälfte bewohnt, trifft man in der Regel nicht auf zu erwartende größere Um- oder Anbauten (ursprüngliche Wohnfläche EG/DG: je 58 m^2). Häufig ist der Stall und die Waschküche als Sanitärbereich hergerichtet sowie eine Garage mit Zufahrt gebaut worden. Ihren individuellen Geschmäcken entsprechend haben die Besitzer/-innen Blendsteine und neue Hausanstriche zur Fassadengestaltung verwendet, wobei sich der Verdacht hegt, daß die oft sehr üppigen Mauerwerksverzierungen den ´Makel´, eine ehemalige Jutewohnung zu besitzen, vergessen lassen sollen.

Versorgungseinrichtungen für den täglichen Bedarf, die bis in

die siebziger Jahre hinein noch in den Straßen Osternadel und
Osterhop zu finden gewesen sind, können heute bis auf wenige
Ausnahmen nur noch in der Neue Heimat-Siedlung Sensenstr. oder - weiter entfernt - in der Hemelinger Heerstr. angetroffen werden.

Der Osterhop ist nach 1950 zum Hauptverbindungsweg nach
Arbergen (u. a. zur Borgward-Siedlung) ausgebaut worden. Er
wurde gleichzeitig, wie die beiden anderen Siedlungsstraßen
späterhin auch, mit beidseitigen Fußgängerwegen bestückt.
Die Menschen haben seitdem ein höheres Verkehrsaufkommen zu
akzeptieren.

Die Straße Am Ziegelberg ist, aufgrund ihrer geringen Breite
und um Parkmöglichkeiten für die Anlieger/-innen zu schaffen,
als Einbahnstraße ausgewiesen worden.

5. Das Ausbesserungswerk (AW): Nicht immer Volldampf

Als Hafenstadt, besonders auch als Auswanderungshafen, war
für Bremen ein Eisenbahnanschluß in bezug auf Güterumschlag
und Personentransport von existentieller Notwendigkeit.
Die Eröffnung der Bahnlinien nach Hannover (1847), Bremerhaven
(1862), Oldenburg (1867), Osnabrück (1873) und Harburg (1874)
wurde jeweils nachhaltig gefördert; die Stadt entwickelte sich
zu einem wichtigen Verkehrsknotenpunkt.
Schon im 19 Jh. erließ der preußische Staat strikte Auflagen
betreffend der Instandhaltung von Lokomotiven und Waggons.
Es wurde allgemein mit einem Reparaturaufkommen von 20% der
vorhandenen Schienenfahrzeuge gerechnet (vgl. BUSCH u. a. in:
EJA 1985, S. 306). So errichtete die Eisenbahndirektion bereits 1847 eine Ausbesserungswerkstätte in der Nähe des Bremer
Bahnhofs. Der schnelle Ausbau des Schienennetzes und die damit verbundene Erhöhung des Lokomotiv- und Waggonbestandes
(1914 zählte die Bahnverwaltung Hannover 1500 Loks statt 42
im Jahre 1847) sprengten schon bald die vorhandenen Reparaturkapazitäten.
Um die Jahrhundertwende waren Werkserweiterungen auf bremischen
Gelände nicht mehr möglich, so daß außerhalb der Stadt, in
Hemelingen/Arbergen, ein Neubau projektiert wurde.

Nach zweijähriger Bauzeit weihte man am 1.4.1914 das Ausbesserungswerk Sebaldsbrück ein. Die Kosten der Anlage betrugen 10 Millionen RM, "darin war(en) allein für die Aufhöhung des Geländes 1 Million Mark und der gleiche Betrag für die 4,5 Millionen Kilogramm Eisen, die verarbeitet wurden, enthalten." (WOLTERS 1974, S. 166)
Bestanden laut ursprünglicher Konzeption die Aufgaben des Werkes vor allem in der Inspektion der Wagen und Lokomotiven, in erforderlichen Umbaumaßnahmen und in der Entwicklung und Erprobung von technischen Neuerungen, so wurde Ende der zwanziger Jahre die Waggonreparatur aufgegeben. Als Ersatz hierfür hat man seither auch Straßenkraftfahrzeuge und Kranwagen der Reichsbahn und Bundesbahn gewartet.

Ständige technische Innovationen (Verbesserung, schließlich Ablösung der Dampflokomotiven, Vereinheitlichung der Triebfahrzeuge etc.) sowie eine innerbetriebliche Optimierung des Arbeitseinsatzes führten neben ständig gesteigerten Produktionsleistungen zu einem stetigen Personalabbau:
Betrug die Dauer einer Lokinspektion Anfang der zwanziger Jahre noch rund 200 Tage, so wurden hierfür 1936 gerade 23 benötigt. Die Zahl der Arbeitskräfte sank ebenfalls von 2300 (1918) auf etwa 1200 (1932); erst durch die Kriegsvorbereitungen bedingt stieg sie wieder auf annähernd 2000 (1938) an.

"1984 existierte das Ausbesserungswerk der Deutschen Bundesbahn seit siebzig Jahren und hat gegenwärtig 1500 Beschäftigte. Entstanden in einer Zeit, in der Industrieansiedlung und Bevölkerung in den Vororten Bremens noch zunahmen, ist mit dem Ausbesserungswerk ein Beispiel für 'Industriekultur' bis heute erhalten geblieben, das damals als typisch für Großbetriebe galt: Soziale Einrichtungen (Speisehaus, Backhaus, Vereine) und eine ganz auf landwirtschaftlichen Nebenerwerb angelegte Arbeitersiedlung umgaben den eigentlichen Produktionsort, die Eisenbahnwerkstätten." (AGBG 1986, S. 16)

5.1. Sozialpartnerin Bahn

Addiert man die Beschäftigten aller Eisenbahnverwaltungen, so sind jene schon vor dem I. Weltkrieg der größte Arbeitgeber des Deutschen Reiches gewesen.
Die Gründe der umfangreichen Sozialpolitik der Eisenbahnen kann man sowohl auf lokaler als auch auf überregionaler Ebene finden:

- Die Verwaltungen waren stets auf Bewahrung des sozialen Friedens bedacht. Schon kleine, örtlich begrenzte Arbeitskämpfe konnte verheerende Konsequenzen für den Schienverkehr haben.
- Wurden Betriebe wie das Ausbesserungswerk weit von Wohnzentren errichtet, so mußte eine qualifizierte Arbeiterschaft geworben und gebunden werden. Vielfältige Sozialmaßnahmen erschienen als die geeigneten Mittel, um unattraktive Standorte populär zu machen.
- Ein Teil der Beschäftigten, die Beamten, wurde außerdem durch ständige Versetzungen zur räumlichen Mobilität genötigt. Ihnen mußten ausreichend und vor allem kostengünstige Wohnungen als Dienstunterkünfte zur Verfügung gestellt werden. Da in vielen Städten und Gemeinden (Bremen und Hemelingen sind hierfür gute Beispiele) gerade diese nicht vorhanden waren, griff man zur Eigeninitiative und förderte u. a. die Gründung von Wohnungsbaugenossenschaften. Bereits 1908 offerierte die Preußische Staatsbahn ihren 485000 Beschäftigte 60000 Wohnungen (vgl. BUSCH u. a. in: EJA 1985, S. 315)
- Wohnungsbaugenossenschaften errichteten in der Regel auch die benötigten Unterkünfte der stationär gebundenen Arbeitskräfte, bspw. der Werkstättenarbeiter/-innen.
- Letzteres involvierte weitere Probleme: Weil infrastrukturelle Einrichtungen fehlten, mußte das Unternehmen zwangsläufig selbst Versorgungsleistungen (neben dem Wohnungsbau vor allem Nahrungsmittelversorgung, kulturelle Organisation usw.) erbringen oder zumindest initiieren.

5.2. Warum eine Genossenschaft?

"Die sorgfältige Regelung der persönlichen Verhältnisse des Personals hat (...) auch zur Folge, daß unter den deutschen Eisenbahnern, wie auch vom Auslande uneingeschränkt anerkannt wird, ein durchaus guter Geist und ein hoher Grad von Zufriedenheit herrschen, die sich gegen etwaige, von außen herantretende Versuchungen widerstandsfähig machen."
(DAS DEUTSCHE EISENBAHNWESEN DER GEGENWART, 1911, zit. bei: BUSCH u. a. in: EJA 1985, S. 315)

Der 'Eisenbahn-Heimstätten-Bau- und Sparverein Hemelingen' wurde im Juli 1917 gegründet. Im Dezember 1940 fusionierte er mit dem bremischen 'Eisenbahn Spar- und Bauverein' (ESPABAU).

Im Gegensatz zu vielen anderen Baugenossenschaften gerade in der Weimarer Republik entstand er nicht aus einer Initiative finanzschwacher Wohnungssuchender oder gar als sozialreformerische Alternative zu herkömmlichen Bauträgern. Sein Ziel sollte ausschließlich die Wohnversorgung eines großen Teils der AW-Beschäftigten sein. Die Zeichnung des Genossenschaftsanteils war demnach auch die übliche Form der 'Selbsthilfe' der Bewohner/-innen.

Warum entschied sich die preußische Eisenbahndirektion für eine genossenschaftliche Trägerform, warum baute sie nicht selbst?

Gegen letzteres sprachen sowohl finanzielle, sozialpolitische und rechtliche Gründe als auch (positive) Erfahrungen:

- Schon 1892 regte der preußische Minister für öffentliche Arbeiten die Gründung von Bauvereinen für Staatsbedienstete an. Seit diesem Zeitpunkt vergab die 'Eisenbahnarbeiter-Pensionskasse', die (wie alle Sozialversicherungsträger seit 1889) gesetzlich zur Anlage eines Teils ihres Vermögens verpflichtet war, Darlehen zu geringen Zinssätzen an Bauvereine. Die Folge war die Gründung etlicher eisenbahngebundener Genossenschaften, die in vielen Gegenden nicht nur die Wohnversorgung, sondern ebenso den sozialen Frieden gewährleisteten.

- Eisenbahnergenossenschaften minimierten als quasi 'Tochter'- gleichfalls das unternehmerische Risiko der 'Muttergesellschaft. Die Haftung und Verwaltung übernahmen die Anteilszeichner/-innen.
- Genossenschaften konnten, besonders seit Ausrufung der Republik, steuerliche Vergünstigungen und juristische Vorteile beanspruchen. Neben der Gerichtskostenreduktion erwies sich vor allem die wohnrechtliche Sonderstellung als wichtig: Bauvereine unterlagen in der Regel nicht der gesetzlichen Mietfestsetzung, Mieterschutz und Zwangsbelegungsmöglichkeit galten für sie nur eingeschränkt.
Im Falle des Hemelinger Bauvereins sei allerdings folgendes anzumerken: Genossenschaften galten, da sie nur für Mitglieder bauten, nicht als gemeinnützig. Sie erhielten somit nicht zwangsläufig staatliche Förderungsmittel. Der Hemelinger Genossenschaft wurden allerdings öffentliche Gelder mit der Auflage, die o. g. Bestimmungen einzuhalten, gewährt.
- "Über die genossenschaftliche Form der Wohnungsbeschaffung konnte man die Spargelder der Staatsbediensteten mobilisieren und den sorgsamen Umgang mit den geschaffenen Wohnungen erreichen" (KARTHAUS in: NOVY u. a. 1985, S. 74).
- Zwei Grundsätze, die die Trägerform von konventionellen Kapitalgesellschaften unterschieden, machten die Bauvereine aus sozialpolitischer Sicht förderungswürdig:
Demokratie und Identität.
Die Mitglieder konnten über Mitgliederversammlungen (ein Mitglied = eine Stimme) Einfluß auf die Aktivitäten des Vorstandes und des Aufsichtsrates, die ebenfalls gewählt wurden, nehmen. Die marktbedingte Spaltung zwischen Wohnungseigentümern/'innen und Mietern/'innen existierte somit nicht mehr.

Mochten letztere Prinzipien auch fortschrittlich klingen, in erster Linie hatten sie in Hemelingen und andernorts die Sozialbeziehungen zu stabilisieren. Die tatsächliche Macht selbst in wohnungspolitischer Hinsicht verblieb bei der Eisenbahnverwaltung bzw. dem AW. Die Beschäftigungsklausel, die ein bestehendes Arbeitsverhältnis als Basis der Mitgliedschaft beim

Bauverein festschrieb, verankerte die Loyalität gegenüber
dem Unternehmen und ließ eine betriebskonträre Wohnungspolitik nicht zu.
Trotz allem lassen sich auch heute die Vorteile genossenschaftlichen Wohnens in Hemelingen nicht leugnen:
Neben günstigen Mieten bzw. relativ günstigen Erwerbsmöglichkeiten (s. 5.3.) und einer hohen Wohnqualität sind vor allem
die vielfältigen kulturellen Angebote (Sportvereine, -veranstultungen, Tanztreffen usw.) zu nennen.
Noch heute kennt man sich untereinander - oft seit früher Jugend -, hilft sich gegenseitig oder läßt sein Hausdach von
der AW-Betriebsfeuerwehr decken.

5.3. Jeder Mensch Hauseigentümer? Die AW-Siedlung

Noch während des I. Weltkriegs überließ die preußische Eisenbahndirektion auf Grundlage eines Erbbauvertrages mit neunundneunzigjähriger Laufzeit dem neu gegründeten 'Eisenbahn-Heimstätten-Bau- und Sparverein' knapp 20 ha Landfläche unmittelbar neben den Ausbesserungswerkstätten zwecks Wohnbebauung.
Am 10.10.1919 waren die ersten 27 Wohnungen (in 13 Ein- und
7 Zweifamilienhäusern) von der Genossenschaft erstellt.
Bis zur Fusion mit dem Bremer Pendant, dem ESPABAU, im Dezember 1940 sollten es 363 werden, von denen der Hemelinger Verein damals noch rund 210 verwaltete. Die Mitgliederzahl stieg
im gleichen Zeitraum von 160 auf 404 (nach: Schreiben des
ESPABAU an den Verfasser vom 21.10.1986).

Der 'Eisenbahn-Heimstätten-Bau- und Sparverein' ist wie der
bremische Verein (bis 1968) eine berufsständische Genossenschaft gewesen. Mitglieder konnten nur Beschäftigte der preussischen Eisenbahnverwaltung im Kreis Achim oder des Bremer
Staates (Stadt und Land) werden.
Anders als in Bremen, wo es hauptsächlich galt, die Nachfrage
nach günstigen Mietwohnungen für mobile Arbeitskräfte zu decken und der dortige Verein zum "Pionier des großstädtischen
Mietshaus" (VOIGT 1985, S. 44) avancierte, baute die

Hemelinger Genossenschaft überwiegend kleine Wohnhäuser, welche unter den Mitgliedern verlost wurden. Einen Großteil offerierte man den Mietern/´innen zum Kauf.

Die in der Regel freistehenden Ein- und Zweifamilienhäuser hatten ursprünglich eine Wohnfläche von 70 m^2 sowohl im Erd- wie im Dachgeschoß, zudem je Wohneinheit 10 m^2 Stallfläche.

"Gegenstand des Unternehmens", so § 2 der Bauvereinssatzung von 1917, "ist ausschließlich die Beschaffung von gesunden Wohnraum für minderbemittelte Familien oder Personen in eigenen erbauten oder angekauften Häusern, die vermietet oder verkauft werden können, zu billigen Preisen und die Annahme und Verwaltung von Spareinlagen." (StaB 6,6/1-12.c.20.XII.m. 3.a.)
Das Beitrittsgeld betrug 1918 RM 3,-. Der zu erwerbende Genossenschaftsanteil belief sich auf RM 200,-, wobei die Möglichkeit bestand, ihn mit RM 3,- vierteljährlich in Raten abzuzahlen. Das Anrecht auf eine Mietwohnung konnte somit durch die Zahlung von zunächst RM 6,- erstanden werden.

"Auszuschließen ist ein Genosse, wenn er
1. die bürgerlichen Ehrenrechte oder
2. eine der zur Aufnahme erforderlichen Eigenschaften (insbesondere Beschäftigung bei der Eisenbahn, Verf.) verliert
Er kann außer in dem Gesetz vorgesehenen Fällen auch ausgeschlossen werden, wenn er (...) durch feindselige Bestrebungen die Zwecke der Genossenschaft schädigt."
(§9 der Satzung, StaB 6,6/1-12.c.20.XII.m.3.a.)
Sofern Mieter/-innen ihre Arbeitsplätze aus ökonomischen oder politischen Gründen verloren, mußten sie um ihre Wohnanrechte fürchten. Setzt man ´Wohlverhalten´ als begriffliche Opposition zu ´feindselige Bestrebungen´, so hat jedes Mitglied gewußt, welche Art von Aktivitäten nicht zu Konfrontationen mit dem Verein führen würden.
Neben der bestehenden Lohn- wurde in dieser Weise eine neue

Wohnabhängigkeit geschaffen.

Auch die Intention der Genossenschaft, Häuser möglichst zu verkaufen, deutet daraufhin, daß primär Interesse bestanden hat, viel Wohnraum anbieten zu können, nicht so sehr aber auf Dauer preisgünstige Wohnungen.

Das für den Hauserwerb entwickelte, für alle Kaufanwärter/-innen verbindliche Konzept beinhaltete weitere bedenkliche Einzelheiten. Selbst als Neueigentümer blieben die Käufer/-innen nicht nur finanziell, sondern auch in Fragen der Gestaltung, Belegung, von Funktionsänderungen u. ä. von der Genossenschaft abhängig:

Als Grundvoraussetzung für den Erwerb eines Hausgrundstücks mußten die Kaufinteressenten/´innen zunächst selbst in den entsprechenden Kaufobjekten wohnen. Ferner hatten sie den Genossenschaftsanteil jeweils vollständig zu bezahlen.

Die Jahresmiete bei Kaufabsicht betrug 4,85% des endgültigen Kaufpreises, wobei 0,65% am Ende eines Geschäftsjahres als Tilgung gutgeschrieben wurden. Während der Kaufanwartschaft trug die Genossenschaft die Feuerversicherungskosten und die Steuerlasten. Wassergeld, Kanal-, Straßenreinigungs- und Schornsteinfegergebühren mußte der Erwerber oder die Erwerberin entrichten. Die Übertragung des Hausgrundstückes sollte dann erfolgen, wenn der/die Interessent/-in mindestens drei Jahre im Genossenschaftshaus gewohnt hatte und die Gutschriften ein Viertel des Kaufpreises erreichten. Ausgenommen von diesen Regelungen waren Eisenbahner/-innen, die schon länger als fünf Jahre in einem Beschäftigungsverhältnis standen. Ihnen übertrug man das Eigentum schon nach Zahlung von 15% des Kaufpreises. Die jeweiligen Restschulden (75 bzw. 85% der Endsummen) sollten neben der bis dahin berechneten Tilgungsrate angemessen, mindestens mit 4% jährlich, verzinst werden.

Bei Wohnsitzverlegung des/der Interessenten/´in, im Todesfall (die Erben besaßen keinen Rechtsanspruch auf die Wohnung oder bereits eingezahlte Beiträge), bei vertragswidrigem Handeln, bei Mietverzug oder Ausschluß aus der Genossenschaft aus den bekannten Gründen endete die Kaufanwartschaft; die Gutschriften wurden einbehalten. (vgl. StaB 6,6/1-12.c.20.XII.m.3.a.)

Kam es zur Hausüberschreibung, so bedeutete dieses keinesfalls die unbeschränkte Verfügungsgewalt über den Besitz:

"Auf dem Grundstück dürfen Neubauten, Aufbauten, Umbauten oder Anbauten, die im Besitztume die Eigenschaft als Ein- bzw. Zweifamilienhaus für minderbemittelte Familien nehmen auch nicht vorläufig oder vorübergehend vorgenommen werden. Auch darf das Besitztum nicht durch Mauern abgegrenzt werden, die höher als ein Meter sind. Es dürfen nur minderbemittelte Familien und zwar nur in der vom Vorstande der Genossenschaft mit Zustimmung des preußischen Eisenbahnfiskus gestatteten Weise darauf wohnen. Ehrenrührige oder solche Geschäfte, die durch Lärm oder andere erhebliche Einwirkungen die Nachbarschaft benachteiligen, dürfen auf dem Grundstück nicht gestattet werden. Es darf darauf weder eine Gast- oder Schankwirtschaft noch ein Kleinhandel mit Branntwein oder Spiritus betrieben werden. Zur Aufnahme von Mietern und Aftermietern in die nicht von der Familie des Eigentümers benutzten Räume des Hauses ist in jedem Fall die Genehmigung des Vorstandes des Eisenbahn-Heimstätten-Bau- und Sparvereins oder im Fall der Auflösung der Genossenschaft der Eisenbahnverwaltung erforderlich. Schlafburschen oder dergleichen dürfen nicht in die Wohnung aufgenommen werden. Die Beauftragten der Genossenschaft haben das Recht, das Grundstück und die auf ihm befindlichen Bauten zu angemessener Tageszeit zwecks Besichtigung zu betreten."
(StaB 6,6/1-12.c.20.XII.m.3.a.)

Ohne die positiven Aspekte solcher Restriktionen, besonders in bezug auf den langfristigen Erhalt der baulichen und sozialen Siedlungscharakteristika, unterschlagen zu wollen, vermute ich als Absicht der Hemelinger Genossenschaft, die größtmögliche Kontrolle ihrer Mitglieder.

Die Probleme des Erwerbshausbaus, die der Bau- und Sparverein durchaus zu seinem Vorteil ausgenutzt hat, beschreibt KARTHAUS (in: NOVY u. a. 1985, S. 72): "Da (beim Erwerbshausbau, d.

Verf.) die Häuser zum Alleinbewohnen zu teuer waren, blieb nur die Möglichkeit, eine zweite oder dritte Wohnung einzubauen und diese unterzuvermieten. Die Genossen mußten abvermieten, um ihre Abzahlungsraten aufbringen zu können. Die Genossenschaft reproduzierte hier nur die Abhängigkeit des Mieters vom Vermieter (...)."
Als Alternative auf dem Wohnungsbausektor konnte das System des Erwerbshauses nur dann Anwendung finden, wenn
" - die Bodenpreise niedrig lagen, was nur in ländlichen Gebieten und Kleinstädten der Fall war, und
 - ein hohes Lohnniveau bei gleichzeitig stabilen Arbeitsverhältnissen vorhanden war." (KARTHAUS in: NOVY u. a. 1985, S. 72)

Summa summarum ist es dem Ausbesserungswerk durch Gründung einer Wohnungsbaugenossenschaft und unter Einhaltung der staatlichen Auflagen gelungen, maximalen Einfluß auf die Belegung und Bewirtschaftung der Wohnungen eines großen Teils seiner Mitarbeiter/-innen auszuüben.

5.4. Räumliches Erscheinungsbild der AW-Siedlung

Bis zum Ende des II. Weltkriegs bildete die 'Schwarze Siedlung' (der Name leitete sich von der Eisenbahnschlacke ab, die in der Siedlung anfangs als Straßenbelag verwendet wurde) eine geschlossene räumliche und soziale Einheit. Diese war auch, dem Standesdenken der Eisenbahnverwaltung entsprechend, von der Bahnbeamtensiedlung Sulzbacher-/Brebacher Str. architektonisch deutlich getrennt.
Die Bewohner/-innen arbeiteten im Ausbesserungswerk, sie bauten in ihren Gärten oder auf 'Grabeland' im Holter Feld Gemüse an. Es existierten ausreichend betriebliche Sozialeinrichtungen und genügend Geschäfte zur Deckung des täglichen Bedarfs.

5.4.1. Der Verlust der Siedlungsvitalität

Räumlich betrachtet 'wuchs' die AW-Siedlung in den Nachkriegsjahren mit dem neu bebauten Gebiet westlich der Saarburger Str. zusammen. Dort wurde auch eine Schule, ein Postamt und ein Einkaufszentrum errichtet.

Trotzdem der weitgehende Verzicht auf Nutztierhaltung und Selbstanbau einen höheren Bedarf an käuflichen Lebensmitteln implizieren, führte der von den neuen Einkaufsstätten ausgehende Konkurrenzdruck verbunden mit der stetig wachsenden Mobilität der Bewohner/-innen durch Kfz-Besitz zu einer Vielzahl von Geschäftsaufgaben: Der 'Lindenplatz', räumliches und lange Zeit kommerzielles Zentrum der Siedlung, beherbergt heute einzig eine Telephonzelle und einen Postbriefkasten, die Saarburger Str. immerhin noch einen Lebensmittelladen und eine Videothek (im Vergleich: 1941 insgesamt sechs Dienstleistungsbetriebe, 1966 sogar neun!).
Aus dem Mangel an nahbedarfsorientierten Geschäften und der Aufgabe von überflüssig erscheinen betrieblichen Sozialeinrichtungen - das Badehaus wurde 'Opfer' der häuslichen Sanitärräume, das 'Kasino', ein bekanntes Eisenbahnerversammlungslokal, des Fernsehens - hat ein erheblicher Verlust an 'Siedlungsvitalität' resultiert. Da auch die Spielplätze in Randbereichen (Hostenbacher- und Labacher Str.) errichtet worden sind, sieht man heute nur noch wenig Leben auf und an den Siedlungsstraßen. Dieses findet in oder hinter den Häusern statt, ist viel mehr familien- als gemeinschaftsorientiert.

5.4.2. Die Siedlungsanlage

Trotz Typenvielfalt in der AW-Siedlung (Einzel-, Doppel-, Reihenhaus sowie Mehrgeschoßbauten) dominiert eindeutig das Vierfamiliendoppelhaus. Dessen Ursprungsvariante mit Krüppelwalm und einer Kombination aus Schleppgauben und Erkern ist hauptsächlich in der Griesborner Str. zu finden.
Auch wenn Glattputzfassaden, der Verzicht auf Ornamente (Ausnahme Saarburger Str.) und der Zwang zum kostengünstigen

Bauen eigentlich dagegen sprachen - mehrere aufwendigere Haustypen wurden nicht realisiert, da sie zu teuer waren -, gelang es der Genossenschaft doch, eine ansprechende Wohnanlage zu errichten. Durch viele, fast unauffällige Details (Beispiel: die Gestaltung der Reihenhausaußentreppen am ´Lindenplatz´) sind erhebliche Attraktivitätssteigerungen erreicht worden.

Zur Straßenanlage: Die Schwalbacher-, Griesborner- und Hostenbacher Str. erschließen die Siedlung beinahe ringförmig. Sie wurden bei Baubeginn als Hauptstraßen der Siedlung konzipiert, was sich bis 1945 auch in der Namensgebung widerspiegelte (´Straße´ statt ´Weg´). Von ihnen zweigen weitere Quer- bzw. Diagonalstraßen ab.
Das räumliche und architektonische Zentrum bildet der sogenannte ´Lindenplatz´, in dessen Mitte sich eine Grünfläche befindet, die angerartig von der sich gabelnden Schwalbacher Str. eingeschlossen ist, und der, für die Siedlung ungewöhnlich, von Reihenhäusern umgeben ist.
Die in den Nachkriegsjahren vorgenommenen Straßenverbreiterungen, bei gleichzeitiger Asphaltierung und Anlage von Fußwegen, haben zu Flächenreduktionen in den Vorgärten geführt. Bau- und Straßenlinie sind seither enger zusammengerückt. Die Möglichkeit einer Baumbepflanzung ist in etlichen Vorgärten erschwert worden, so daß viele Straßenzüge (ausgenommen Schwalbacher- und Hostenbacher Str., in denen schon nach Bauabschluß Linden und Ulmen kultiviert worden sind) recht eintönig wirken.
Erstaunlich - und als Zeichen hoher Identifikation mit der Siedlung interpretierbar - erscheint mir, daß auf vielen Grundstücken noch die ursprünglichen Staketenzäune die Einfriedungsgrenzen markieren.

Insgesamt gesehen bietet die AW-Siedlung auch heute noch ein recht harmonisches Gesamtbild.
Gründe hierfür sind,
- daß die Bewohner Funktionsänderungen (Umbauten, vor allem

der Waschküchen zu Eingangs-, Wohn- oder Sanitärbereichen) sowie Neu- und Anbauten (bspw. die Garagen mit Zufahrten) oft ihn ähnlicher Weise durchgeführt haben,
- daß die Bewohner/-innen sich zu einem hohen Grad mit der Siedlung identifizieren: Viele sind dort aufgewachsen, man kennt sich untereinander, es besteht kein großes Bedürfnis zur räumlichen oder baulichen Abgrenzung seinen Nachbarn gegenüber,
- daß der ESPABAU noch immer einen Teil der Wohnungen verwaltet - gerade der Erhalt des Siedlungskernes ('Lindenplatz') ist darauf zurückzuführen.

Trotz häufiger Verwendung von anderen Farben für den Hausanstrich (statt grauweiß) und trotz vieler Fassadenverblendungen sowie etlichen An- und Umbauten läßt sich das jeweilige Originalbild der Häuser in den meisten Fällen gut nachvollziehen. Neubauten, die schwerpunktmäßig in der Hostenbacher Str. anzutreffen sind, stören dort trotz erheblicher architektonischer Differenzen (Bungalows) das Siedlungsgesamtbild nicht, da sie von einem 'Fichtenwall' zur Straße hin abgeschirmt werden.
Leider sind mit dem Altern der Bausubstanz und der Übertragung der Häuser auf jüngere Generationen auch in der AW-Siedlung erhebliche Veränderungen zu erwarten.

6. Focke-Wulf: Phönix mit viel Asche

Am 1. Januar 1924 begann die Werksgeschichte der 'Focke-Wulf-Flugzeugbau Bremen'.
Innerhalb von acht Jahren gelang es durch Entwicklung und Bau von Kleinverkehrs-, Schul- und Sportflugzeugen das Unternehmen zu einem florierenden Betrieb mittlerer Größe zu entfalten (in dieser Zeit wuchs die Belegschaft von neun auf annähernd tausend Personen).
Der eigentliche Aufstieg der Bremer Flugzeugbauer, der vermeintliche Glanz des Unternehmens waren allerdings eng an die Zeit des Nationalsozialismus geknüpft:

Unmittelbar nach der Machtübertragung forcierten die Nazis unter Mißachtung der Versailler Bestimmungen die militärische Aufrüstung, deren Kern die Schaffung einer kriegstauglichen Luftwaffe bildete.

Die Zeichen der damaligen Zeit erkennend, stellte Focke-Wulf schon im Frühjahr 1933 seine Produktion auf die Bedürfnisse der neuen Machthaber um: Während die Hauptfertigung aus Schul- und Übungsmaschinen für die Luftwaffe bestand, wurden bis 1936 mehrere Prototypen von Kriegsflugzeugen entwickelt. Neben dem bereits existierenden Werk Flughafen gründete man zwei weitere (in Hastedt und Hemelingen, letzteres auf dem ehemaligen Gelände der Jute-Spinnerei). Konsequenterweise enthob der Aufsichtsrat des Unternehmens Firmengründer H. Focke seines Postens als technischer Direktor, als dieser sich einer Umstellung des Betriebes auf die Massenproduktion widersetzte.

Für das Land Bremen und die Gemeinde Hemelingen entpuppte sich der Flugzeugbau als ambivalenter Segen. Die staatliche Autarkiepolitik seit 1933 führte zu einem Rückgang des traditionellen Handels, traf also den wirtschaftlichen Nerv der Hansestadt und ihres Umlandes. Der Warenimport verringerte sich von "4 Mio. t (1929) auf 2,5 Mio. t (1936)" (STEINBACHER 1983, S. 62). Andererseits verbuchten die im Rüstungsbereich produzierenden Industrien (Schiff-, Flugzeug- und Automobilbau) erhebliche staatliche Aufträge, so daß ständige Werkserweiterungen und anwachsende Belegschaftszahlen die Folgen waren. Bremen und sein Umland avancierten innerhalb kürzester Zeit zu einem der wichtigsten Standorte der Kriegsindustrie: Bereits 1939 wurden 42,6% aller Arbeiter/-innen auf einer Werft oder in einem Flugzeugwerk beschäftigt (vgl. STEINBACHER 1983, S. 64).
Abgesehen von dem ständigen Rohstoffmangel erwies sich bei Focke-Wulf, wie bei allen anderen Unternehmen mit hochentwickelten Fertigungsverfahren in jener Zeit, das Defizit an qualifizierten Fachkräften als zusätzliches betriebshemmendes

Problem. Versuchte man der Situation von staatlicher Seite mit Umschulung aus Nichtmangelberufen und Arbeitszeitverlängerungen beizukommen, so entlohnte Focke-Wulf seine Belegschaft überdurchschnittlich gut, warb zudem Arbeitskräfte aus dem Rheinland und Oberschlesien an und betrieb eine umfangreiche Sozialpolitik.

```
Lohnvergleich 1938:  Weser flug                   112 Pf/h
                     Focke-Wulf                   105 Pf/h
                     Lloyd-Dynamo                 103 Pf/h
                     AG Weser                      98 Pf/h
                     Facharbeiter im Reichsmittel 78,3 Pf/h

          nach: PETSCH 1976, S. 169 und IGM-K 1986, o. S.
```

Außer dem Werkwohnungsbau, der auf alle drei Werke gleichmässig ausgerichtet gewesen ist[+] und sich in Jahren erheblicher Wohnungsdefizite (Wohnungsfehlbedarf im Reich 1933: 300000 Wohnungen, 1938: 1,5 Mio. Wo.! vgl. PETSCH 1976, S. 170) für das Werk als absolut notwendig, aber auch attraktivitätssteigernd erwiesen hat, sei für die weitere Sozialpolitik stellvertretend die Förderung der Betriebsgemeinschaften, vor allem im Sportbereich, und eine seinerzeit beispielhafte Gesundheitsfürsorge genannt.

Während der Kriegsjahre vervielfachte sich die Gesamtbelegschaft. Waren 1938 ca. 8000 Arbeitskräfte beschäftigt, so zählte man gegen Ende des Krieges rund 37500(!), zum überwiegenden Teil ausländische Zwangsarbeiter/-innen (vgl. IGM-K 1986, o. S.).

Die Bilanz des Krieges für Focke-Wulf: drei fast vollständig zerstörte Werke.

Restriktionen der Alliierten, die Produktion militärischer Güter war den Westzonen aus gutem Grund zunächst untersagt, ließen dem Betrieb einzig die Instandsetzung des Werkes Flughafen ratsam erscheinen. Dort wurde mit der Fertigung von Se-

---
[+]
  Anm.: Flughafen: Beginenfelde; Hastedt: Auf dem Hohwisch; Hemelingen: Osterholz. Insgesamt bis Januar 1944: 244 Kleinsiedlerstellen und 815 Geschoßwohnungen, vgl. DER CONDOR Jg. 6/H. 1/S. 6

gelflugzeugen begonnen.

Während die Focke-Wulf-Gesellschafter das Werk Hastedt verpachteten, gründeten sie in Hemelingen eine 'Fahrzeug- und Gerätebau GmbH', die 250 Arbeiter/-innen beschäftigte und in der Hauptsache Güter des täglichen Bedarfs herstellen und reparieren sollte (vgl. IGM-K 1986, o. S.). Nachdem 1949 eine Farger Spinnereimaschinenfabrik die Gesellschaft übernommen hatte und im März 1950 Konkurs anmelden mußte, wurde die Hemelinger Betriebsstätte an Nordmende veräußert.

Als die Westmächte im Mai 1955 die Souveränität der BRD proklamierten, konnte Focke-Wulf mit der Wiederaufnahme des Motorflugzeugbaus beginnen, der nach Einführung der allgemeinen Wehrpflicht auf den Rüstungsbereich ausgedehnt wurde.
Der Betrieb exanpandierte schnell, trotzdem fusionierte man - angesichts der nationalen und internationalen Konkurrenzsituation - 1963 mit der in Lemwerder ansässigen 'Weserflug' zu den 'Vereinigten Flugtechnischen Werken/VFW'.

6.1. Siedlungsgenese des Focke-Wulf-Kamps

Die Zeitspanne zwischen 1933 und 1945 ist auch auf dem Wohnungsbausektor von vielen dem Nationalsozialismus inhärenten Widersprüchen gekennzeichnet.
Dem Wunsch zur (nicht nur geistigen) Rückkehr ins vorindustrielle Zeitalter standen hier, wie in vielen anderen Bereichen ebenso, der (pragmatische) Hang und Zwang zur Moderne gegenüber:
Wurde einerseits gegen 'Kollektivismus', 'Mietskasernen' und 'Entfremdung von der Scholle' gehetzt (vgl. SCHEPERS in: NOVY u. a. 1985, S. 108 - 111), errichtete man andererseits Volkswohnungen in festungsähnlichen Geschoßbauten und minimierte die Herstellungskosten der Siedlungshäuser durch Normierung der Bauteile.

6.1.1. Siedlungsbau im III. Reich

Die Wohnungsbautätigkeit im III. Reich "ist gekennzeichnet durch starke Reprivatisierung der Finanzierung (Sparer, Wohnungsbaugesellschaften, Unternehmer) gegenüber der staatlichen Subventionspolitik der 20er Jahre, bei gleichzeitiger Kontrolle durch staatliche Organe. (...) Wurden in den Jahren 1924 - 29 noch fast die Hälfte aller Wohnungsbauten durch sogenannte Hauszinssteuerhypotheken finanziert, so beträgt der Anteil an öffentlichen Geldern 1933 nur 20% und sinkt im Jahre 1937 sogar nur auf 10%." (FKV 1979, S. 195f)

Ab 1935 zog sich das Reich weitgehend aus der Finanzierung von Kleinsiedlungen zurück. Finanzhilfen wurden nur noch gewährt, wenn auf dem 'freien' Kapitalmarkt keine Mittel von dem Bauträger aufgebracht werden konnten. Die in diesen Fällen bewilligten Darlehen betrugen RM 1000,- (später RM 1500,-) je Siedlungsanwärter/-in statt bislang RM 2200,- (vgl. STEINBACHER 1983, S. 82). Nicht etwa eine ausreichende Wohnversorgung (ganz im Gegenteil: in Bremen existierte ein rasch wachsendes Wohnungsdefizit; 1933: - 5300 Wohnungen, 1934: - 9500 Wo., nach: STEINBACHER 1983, S. 62) war die Ursache für dieses Verhalten, sondern die Neubestimmung der staatlich-ökonomischen Prioritäten nach dem II. Vierjahresplan. Kriegsvorbereitung und damit verbundene öffentliche Initiativen bezüglich kriegswichtiger Infrastrukturen (Autobahnbau, autarke Wirtschaft etc.) stellten nun die nationalen Aufgaben ersten Ranges dar!

Sollte beim Siedlungsbau laut offizieller Darstellung eine Rückbewegung zu den Werkkolonien der Vorkriegszeit vermieden und die Durchführung neuer Projekte schon existierenden Baugesellschaften vorbehalten werden (vgl. STEINBACHER 1983, S. 86), so drehten die Nazis faktisch das Rad der Geschichte zurück.
Der Bau von Kleinsiedlungen erfolgte nur noch mit finanzieller Beteiligung, unter Kontrolle und für rüstungswichtige Betriebe,

die an dem Erhalt einer qualifizierten Arbeiterschaft interessiert waren (in Bremen ferner DESCHIMAG und Norddeutsche Hütte). 'Bedürftigkeit' (= mehrköpfige Familie) benutzte man nur noch als Scheinkriterium für die Wohnungsvergabe.

Zusammenfassend läßt sich die NS-Wohnungspolitik folgendermaßen beschreiben: Die direkten staatlichen Subventionen wurden erheblich gekürzt und nur gezielt gewährt, allerdings vertraute man den Marktregulativen nicht völlig, sondern nahm Industriezweige, die besonders protegiert wurden, in die wohnungspolitische Verantwortung.

6.1.2. Familiensinn und Krisenfestigkeit - der Focke-Wulf-Kamp

In Bremen wurde der 'Focke-Wulf-Kamp' als erste Siedlung neuen Typs errichtet. Die gleichgeschaltete, ehemals gewerkschaftseigene 'Gemeinnützige Wohnungsbaugesellschaft/GEWOBA' trat als Bauträgerin auf, die uneingeschränkten Belegungsrechte verblieben aber beim Auftraggeber und Mitfinanzier, dem Focke-Wulf-Werk.
Im Juni 1936 bezogen die Siedler/-innen ihre Häuser in Osterholz, im Mai 1941 übergab man sie ihnen als Eigentum. Die Gesamtherstellungskosten betrugen zwischen RM 6500 und RM 7400 (vgl. STEINBACHER 1983, S. 92), eine überdurchschnittlich hohe Summe (Reichsrichtlinie: RM 4500 - 6000, vgl. PETSCH 1976, S. 169), die durch den exorbitanten Grunderwerbspreis von ca. RM 2000/Einheit bedingt waren. Die monatliche Belastung je Siedlerhaushalt betrug dementsprechend RM 39,- statt des empfohlenen Maximums von RM 35,- (vgl. STEINBACHER 1983, S. 95 und DER ANZEIGER Jg. 40/Nr. 196/S. 2).
1941 wurde der Focke-Wulf-Kamp zur 'Ersten Mustersiedlung im Gau Weser-Ems' ernannt.

Daß bei der Errichtung und der Auswahl der Siedler/-innen ein Konglomerat aus Industrieinteressen sowie NS-Ideologie und Pragmatismus bestimmend gewirkt hat, sei nachfolgend verdeutlicht:

- Die Architektur der Siedlung ignorierte fast alle stilistischen Entwicklungen im Baubereich des 20. Jahrhunderts und zitierte statt dessen den von den Nazis propagierten 'Heimatschutzstil', eine Bauweise, die sich an vorindustriellen Leitbildern orientierte. Das steile Dach, die Fensterkreuze und -läden als wichtigste Ausdruckselemente konnten allerdings - vom Sparzwang verursachte - ästhetische Unzulänglichkeiten nicht retuschieren.
Noch heute, nach 45 Jahren in privaten Händen, erinnern die Häuser des Focke-Wulf-Kamps an genormte Fließbandprodukte, die Gesamtanlage, vermutlich gar nicht ungewollt, an preussisches Kasernengelände.

- Die Häuser sind vorwiegend als Einzelgebäude, ca. 1,7 km vom Werk entfernt, 'im Grünen' errichtet worden. Zweier Hauptforderungen der NS-Städtebaupolitik wurde somit entsprochen: Man vermied fast vollständig die Reihenbauweise, hielt so unerwünschte Bewohnerkontakte und -solidarisierungen in Grenzen und praktizierte ebenso 'Entstädterung', baute soweit von den Ortszentren entfernt, daß jeglicher 'Zusammenballung der Industriebevölkerung' entgangen und die Luftsicherheit im Kriegsfall erhöht wurde (vgl. PELTZ-DRECKMANN 1978, S. 405).

- Die NS-Richtlinien für die Auswahl von Siedler/-innen variierte man im Falle des Focke-Wulf-Kamps nur geringfügig 'werksspezifisch': Die Siedler/-innen mußten auch 'national zuverlässig, gesund und erbgesund, arbeitswillig, -freudig und zäh sein'. Sie hatten sich 'zu bewähren', mußten sogar fünf statt drei Jahre ihre 'Siedlungstauglichkeit' unter Beweis stellen (vgl. PELTZ-DRECKMANN 1978, S. 399f und DER CONDOR Jg. 3/H. 6/S. 78). Mehrköpfige Familien sollten bevorzugt werden. In den potentiellen Eigentümer/-innen sah die NSDAP "Träger und Garanten der Betriebsgemeinschaft Focke-Wulf", die auch weiterhin im Betrieb "eine vorbildliche Haltung" einzunehmen hatten (DER CONDOR Jg. 3/H. 6/S. 78).

- Die Gartenfläche wurde von den offiziell geforderten 1000 m^2 auf 750 m^2 je Wohneinheit reduziert (vgl. STEINBACHER

1983, S. 98). In einer Vollbeschäftigtensiedlung sollte jeder Familienvater in der Lage sein, Nahrungsmittel zu erwerben. Der Garten hatte nun vorrangig Ausgleichsfunktion gegenüber der Industriearbeit. Die verlängerten Arbeitszeiten (10 h/d) ließen sowieso nur zeitlich reduzierte Freizeitbeschäftigungen zu; ferner befürchtete man das Desinteresse der Beschäftigten an Überstunden bei übermässiger Gartenarbeit.

- Neben der Lohn- wurde eine vielschichtige Wohnabhängigkeit geschaffen: Während der 'Eignungsphase' bedeutete der Verlust des Arbeitsplatzes gleichzeitig den Verlust der Wohnung und des Kaufanspruches. Zwar blieb die Eigenbeteiligung von 20% der Gesamtkosten, wie sie das Reich vorschrieb (vgl. PELTZ-DRECKMANN 1978, S. 349), den Kaufinteressenten/ 'innen zunächst erspart, da das Werk die Summe als zinsloses Darlehen gewährte, andererseits fungierte dieses somit auch als Kreditgeber.
War das Haus formal verkauft, so behielt sich die Bauträgerin das Wiederkaufsrecht vor. Kündigte der Käufer oder die Käuferin 'grundlos' ihr Arbeitsverhältnis, mußten wesentlich höhere Zins- und Tilgungsraten beglichen werden. Eine Zwangsversteigerung wäre in solchem Fall die absehbare Folge gewesen, da die finanzielle Belastung ohnehin jeweils Maximalwerte erreichte.

- Daß Theorie und Praxis auch in der NS-Zeit oft getrennte Wege gingen, mag letztlich auch belegen, daß in der Reichshauptstadt 'Klassensiedlungen' verbal und schriftlich bekämpft wurden, während Focke-Wulf und alle anderen großen Rüstungsunternehmen in Bremen Häuser für Facharbeiterfamilien errichteten (vgl. PELTZ-DRECKMANN 1978, S. 394f).

6.2. Räumliches Erscheinungsbild des Focke-Wulf-Kamps

Umgeben von einem 'Grüngürtel', der aus Osterholzer Feldmark (im Osten), Krankenhauspark (im Westen) sowie den Gärten der AW-Siedlung (im Süden) und denen der Anlieger der Osterholzer Heerstraße (im Norden) gebildet wird, selbst im nördlichen

Teil wenigstens 50 m von der Hauptstraße entfernt, vom Durchgangsverkehr und Gewerbebetrieben völlig verschont, dürfte der Focke-Wulf-Kamp zu den ruhigsten Wohnzonen Bremens gehören. Ein Faktor im übrigen, der die Siedlungshäuser, trotz relativ kleiner Wohn- und Grundstücksflächen, auch heute, sogar für schichtbezogen höher zu klassifizierende Interessenten/ 'innen, attraktiv erscheinen lassen.

6.2.1. Die Wohnenklave

Der Focke-Wulf-Kamp ist immer eine nicht nur räumlich begrenzte, sondern auch von der Siedlungsstruktur her, Wohnenklave gewesen.
Dienstleistungseinrichtungen jeglicher Art sind nur kurzfristig Bestandteile des Siedlungsleben gewesen. Diese weitgehende Ausgrenzung, im Werkwohnungsbau bis dato eine Seltenheit, mag der Bauherr anfänglich mit hohen Grunderwerbskosten oder bereits existenten, nahegelegenen Geschäften (AW-Siedlung, Osterholzer Heerstr.) begründet haben, entscheidend war aber der Charakter der Siedlungshäuser als Erwerbsobjekte sowie deren Belegung mit Facharbeiterfamilien. Jene haben über ein hohes Einkommen verfügt, sind also nicht von günstigen Lebensmitteln existentiell abhängig gewesen. Sie sind durch verschuldetes Wohneigentum an ihren Betrieb gebunden worden.
Focke-Wulf hat die Quartiersqualität nicht zusätzlich steigern müssen, lange Wohn- und Beschäftigungsdauern waren durch die Ortsfixierung der Käufer/-innen beinahe garantiert.

6.2.2. Die Siedlungsanlage

Die Straßenanlage im Focke-Wulf-Kamp erscheint sehr schematisch. Drei fast gerade verlaufende Stichstraßen, durch eine Querspange miteinander verbunden, erschließen das Wohngebiet in südlicher Richtung. Es existiert nur eine öffentliche Zu- und Abfahrt (von bzw. zur Osterholzer Heerstr.), ferner ein kombinierter Rad- und Fußweg zur Labacher Str. (AW-Siedlung)!

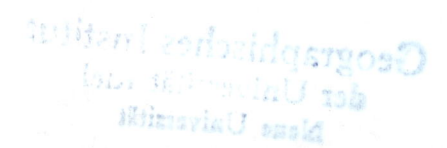

Einer Befestigung und Versiegelung des Straßenrandbereichs haben bisher der hohe Grundwasserpegel und der dementsprechende Sickerflächenbedarf entgegengestanden. So findet man zwischen den Grundstückseinfriedungen und den asphaltierten Straßen oft breite Rasenstreifen, ursprünglich Entwässerungsgräben, die später zugeschüttet wurden.
Eine Grünfläche - füher als Versammlungsplatz gedacht, heute meist von Hunden 'benutzt' - mit Telephonzelle und räumlich anschließenden Spielplatz markiert längs des nördlichen Teils der Weihenstr. das 'Zentrum' der Siedlung.

Trotz fünf unterschiedlicher Haustypen (je zwei Einzel- und Doppelhausvarianten, dazu Reihenhäuser), bei denen quantitativ das freistehende Giebelhaus dominiert, wirkt die Siedlung noch immer uniform und artifiziell gestaltet. So wurden die einzelnen Varianten zu Gruppen geordnet statt gemischt, die Bauabstände zwischen den Häusern jeweils nur gering abgewandelt. Die 'militärisch' anmutende Reihung impliziert allerdings auch eine starke Geschlossenheit im Siedlungsbild, die durch die Straßenplanung gefördert wird und den Focke-Wulf-Kamp auch auf die Gesamtanlage bezogen deutlich von benachbarten Wohngebieten abgrenzt.
Lebende - ursprünglich je nach Straßenzug verschiedene - Hekken, schmale Straßen und stark durchgrünte Vorgärten lassen Vergleiche zu dörflichen Siedlungsformen zu, die allerdings bedingt durch die stark normierte Baugestaltung (gleiche Dachformen, Fenstergrößen, Verzicht auf Fassadengestaltung etc.) schnell relativiert werden müssen.

Bei fast allen Häusern ist nach Renovierungen auf gegliederte Fensterflächen und auf Fensterflächen verzichtet worden, bei Dachneudeckungen hat man teilweise neue Ziegelformen und -farben verwendet. Viele Bewohner/-innen haben Wohnraum durch zusätzliche Dacherker und Seitenflügel oder Anbauten im hinteren Garten gewonnen, sehr häufig ist eine Garage mit Zufahrt hinzugekommen.
Problematische Veränderungen sehe ich vorrangig im Reihenhaus-

bereich Weihenhausstr., wo Fassadenverblendungen und Ausbauten in einigen Fällen zur völligen Zerstörung des Urbildes geführt haben. Abzuwarten bleibt, ob neue Generationen von Focke-Wulf-Bewohner/-innen das traditionelle Erscheinungsbild als Leitmotiv bei weiteren Renovierungen, An- und Umbauten übernehmen. Zu befürchten ist leider das Gegenteil.
'Reine' Wohnsiedlungen wie der Focke-Wulf-Kamp erscheinen oft 'unlebendig': Die Bewohner/-innen verharren von der Außenwelt durch hohe Hecken und Zäune abgeschirmt in ihren Häusern und Gärten. Eingekauft und gearbeitet wird weit außerhalb. Es fehlt das 'Leben auf der Straße'.
Erinnert sei hierbei an die staatlichen und industriellen Siedlungsbaumaximen in den Jahren von 1933 bis 1945 (vgl. auch PELTZ-DRECKMANN 1978, S. 405):
Leben in der Familie, Leistung im Betrieb, Solidarisierungen für Partei und Vaterland!

7. Borgward: Makel am Mythos?

1938 weihte C. W. Borgward, mittlerweile Alleininhaber der 'Hansa-Lloyd-Werke', in Hemelingen[+) eine zweite Produktionsstätte seines Unternehmens ein.
Bei Kriegsende war das Werk "nur noch ein einziger Trümmerhaufen. 75% der Autofabrik, die während des 2. Weltkrieges auch Artellerie-Zugmaschinen, Heeres-3-Tonner sowie Torpedos für Unterseeboote hergestellt hatte, lagen in Schutt und Asche."
(KUBISCH 1984, S. 36)
Während C. W. Borgward in seiner Funktion als 'Wehrwirtschaftsführer' von der US-amerikanischen Besatzungsmacht interniert wurde, begann ein verbliebener Teil der Belegschaft (ca. 400 Personen) mit dem Wiederaufbau des Werkes. Da die vorhandenen Materiallager nur gering beschädigt waren, konnte die Produktion schon in bescheidenem Umfang wiederaufgenommen werden.

[+)
   Anm.: Trotz gegenteiliger Lagebezeichnung (Werk Sebaldsbrück) hat sich das Borgward-Werk auf dem Gebiet der Gemeinde Hemelingen befunden.

Zunächst stellte man ausschließlich LKW her, die sich bei der Beseitigung von Kriegsschäden und bei Materialtransporten als sehr wertvoll erwiesen.

Als Borgward im Juli 1948 aus der Internierung entlassen wurde und auch formal wieder die Leitung seines Unternehmens übernahm, arbeiteten bereits 2400 Menschen in seinen Werken. Nach Rücknahme einiger militäradministrativer Restriktionen konnte im Spätsommer 1948 mit der PKW-Fertigung begonnen werden. Als dritten Zweig des Unternehmens etablierte Borgward die 'Lloyd-Werke' in Bremen-Neustadt. Während Lloyd sich in der Folgezeit auf die Herstellung von Kleinwagen spezialisierte (der bekannteste: LP 300, der 'Leukoplastbomber'), wurden im Werk Hastedt die Kleintransporter- und in (nun korrekt:) Sebaldsbrück die Mittelklassewagenproduktion vorangetrieben.

Trotz kräftiger Partizipation am bundesdeutschen Wirtschaftswunder

1949:	6700 Arbeitskräfte	12861 Produktionseinheiten
1954:	13300 "	65550 "
1959:	21800 "	104410 "
		nach MICHELS 1982, Anhang

steuerte das Unternehmen Anfang der sechziger Jahre auf den Konkurs zu: Die Lloyd-Werke, über zehn Jahre lang Hauptstütze des Betriebes, hatten mit ihrem Modell 'Arabella' erhebliche Absatzschwierigkeiten. Eine allgemeine Konjunkturflaute 1960/61 verbunden mit verfehlten Werksinvestitionen, eine gegenüber den Mitanbietern unrationelle Produktionsweise und eine für Baissezeiten zu dünne Kapitaldecke sollten die entscheidenen Faktoren für den Untergang der Werke werden; allerdings auch Wettbewerbsstrukturen, die unmittelbar nach dem Krieg fixiert wurden und die Konkurrenz begünstigten:

Während Borgward erst 1948 mit der PKW-Produktion beginnen konnte, hatten sich fast alle anderen Autofirmen schon auf dem Inlandsmarkt eingerichtet. So ergaben sich ihnen Vorteile bei Preisdispositionen und Fragen der Modellgestaltung. Sie konnten auf bereits gewobene Kundendienstnetze zurückgreifen und

besaßen als Aktiengesellschaften direkte Verbindungen zu potentiellen Kreditgebern.
Bis zu seinem Ausscheiden aus der Geschäftsleitung 1961 hat C. W. Borgward eine umfangreiche Sozialpolitik betrieben, deren Intentionen aber kontrovers diskutiert werden müssen:
Dem Betriebsrat wurde bei etlichen sozialrelevanten Entscheidungen, etwa bei der Vergabe der Werkwohnungen 1949, ein Mitspracherecht eingeräumt. Unter seiner Beteiligung gründete das Werk eine 'Unterstützungskasse', die vor allem den Beschäftigten in Notsituationen oder im Krankheitsfalle helfen sollte.
In Bückeburg durften langjährige Mitarbeiter/-innen auf Betriebskosten vierzehntägige Urlaube in einem werkseigenen Erholungsheim verbringen. Für Eigenarbeiten nach Feierabend standen einige der Holz- und Metallwerkstätten offen.
Doch ist bei diesen Gratifikationen nicht Selbstlosigkeit, sondern unternehmerisches Kalkül zu unterstellen:
Der hohe Grad an gewerkschaftlicher Organisation im Betrieb ließ vermutlich eine Einbindung der Beschäftigten in Entscheidungsprozesse ratsam erscheinen. Der soziale Friede blieb so und durch betriebliche Zuwendungen gesichert:
Stehen die Werkstätten offen, wird kein Werkzeug gestohlen!
(vgl. auch ANDERSEN in: KUBISCH 1984, S. 139 - 142)

Nichtsdestotrotz betrugen die Verbindlichkeiten der Borgward-Gruppe im Januar 1961 rund 200 Mio. DM. Rettungsversuche, etwa die Umwandlung in eine Aktiengesellschaft unter Ausschluß C. W. Borgwards, schlugen fehl. Im Juli 1961 wurde das Liquidationsverfahren eingeleitet, das Firmengelände in Sebaldsbrück erwarben die 'Rheinstahl Hanomag AG' und die 'Atlas-Werke'.
15000 Borgward-Mitarbeiter/-innen verloren ihre Arbeitsplätze. Eine Zahl, die leicht zu verdoppeln wäre, würden die arbeitslos gewordenen Beschäftigten der Händler- und Zulieferfirmen hinzuaddiert.

7.1. Alte Werte, neues Bewußtsein?

Zwei Monate nach Beginn des II. Weltkriegs, am 1.11. 1939 zählte Bremen 450084 Einwohner/-innen. Bis Juli 1945 schrumpfte die Zahl durch "Evakuierungen, Einberufungen zur Wehrmacht und Verlegung bremischer Großbetriebe nach auswärts" (AGBS 1958, S. 134) auf 292400. Durch Zuwanderung von Flüchtlingen und Heimkehrern/'innen stieg sie bis zum 1.7.1947 auf 494069 an (Daten nach: STATISTISCHES HANDBUCH 1970 - 1974, S. 10f).
Die Wohnungsnot war "groß und beängstigend" (AGBS 1958, S. 134). "Von den rund 120000 Wohnungen, die es in Bremen vor dem Kriege gab, hatten ihn nur 60000 überstanden. Die Stadt war zu 59% zerstört, die Innenstadt sogar zu 63,5%." (AGBS 1958, S. 133).
Trotz der großen, wohl einmaligen Chance, beim Wiederaufbau alternative, d. h. primär genossenschaftliche Trägerformen vorrangig zu unterstützen, förderte die öffentliche Hand alle Bauträger, sofern sie die gegebenen Auflagen einhielten, gleich. Mit dem II. Wohnungsbaugesetz von 1956 wurde die Orientierung auf den Eigenheimbau verstärkt und endgültig festgeschrieben.

Wohnungssuchende, die das erforderliche Eigenkapital zum Hausbau nicht aufbringen konnten, mußten wieder zurückstehen - oder auf die Hilfe ihres Betriebes hoffen...

7.1.1. Genese der Borgward-Siedlung

1949 erwarb C. W. Borgward in Arbergen ein 52000 m^2 großes Grundstück, auf dem die erste von mehreren 'Borgward-Siedlungen' entstehen sollte. Es blieb die einzige.
Borgward übereignete das Grundstück aus finanziellen und steuerrechtlichen Gründen der Unterstützungskasse seines Werkes. Da diese als 'gemeinnützig' anerkannt war, konnte sie Wohnungsbauzuschüsse beim Land Bremen beantragen.

Die Siedlung, 1,3 km vom Werk entfernt, wurde als reine Wohnsiedlung geplant. Gewerbe- und Dienstleistungsbetriebe sollten nur in der Harzer Str. zugelassen werden.

Die Gesamtkosten des Bauvorhabens berechnete man auf ca. 1 Mio. DM (tatsächlich: 1,07 Mio. DM). Die Staatliche Kreditanstalt Oldenburg-Bremen stellte durch Zwischenfinanzierung von abzuschliessenden Bausparverträgen DM 500000,- zur Verfügung, sie vermittelte eine erste Hypothek zu DM 300000,- und stellte selbst gegen Sicherung eine zweite über DM 200000,- bereit. Weitere Darlehenshypoteken kamen von der Stadt und dem Land Bremen (insgesamt DM 400000,-) und der Unterstützungskasse (DM 100000,-). Die Zwischenfinanzierung und damit die Zuteilungsberechtigung der Bausparverträge, die die Siedler/-innen abschließen mußten, ermöglichte ebenfalls die Unterstützungskasse durch Einzahlung von 25% der Vertragssumme.

Als Bauträger trat der Vorreiter des gemeinnützigen Bremer Wohnungsbaus und Schöpfer von Mietkaufmodellen auf, der 'Bremer Bauverein', dessen Kompetenz für dieses Projekt sich wohl ebenso von seiner engen Verflechtung mit der größten lokalen Bank herleitete.

Bis zum November 1949 bewarben sich rund 500 Siedlungswillige für die 100 zu errichtenden Häuser. Bei der Auswahl durch einen vom Betriebsrat gebildeten Wohnungsvergabeausschuß war eine Hauptbedingung die zehnjährige Betriebszugehörigkeit. Ebenfalls sollten Ausgebombte und Evakuierte bevorzugt werden. Die letztlich entscheidenden Kriterien blieben bis heute geheim. Die 100 Ausgewählten erhielten ihr späteres Haus durch Zulosung. Auch in bezug auf dieses Verfahren sind bis heute Manipulationsgerüchte präsent geblieben:

Die begehrten Reihenhäuser der Osningstr. - trotz unterschiedlicher Haus- und Grundstücksgrößen waren die Kaufpreise identisch gewesen - wurden zur 'Meisterecke' der Siedlung (s. 8.2.) Während der Errichtungsphase stellten sich immer wieder Probleme ein. Es herrschte extremer Baustoffmangel und trotz tatkräftiger Unterstützung der Baufirma durch die Siedler/-innen, die somit ihre Eigenleistungsanteile von DM 250,- ableisteten, konnte der anvisierte Einzugstermin (Sommer 1950) nicht eingehalten werden.

Da auch die Versorgung mit Gas, Licht und Wasser erst Ende 1950 gewährleistet werden konnte, bezogen die meisten der Kaufanwärter/-innen ihre Wohnungen im 'Rohzustand' kurz vor Beginn des Winters (selbst die Wände waren noch nicht gekalkt).

Bei der Gestaltung der Häuser hatte man den Siedlern/-innen kein Mitspracherecht eingeräumt:
So erwiesen sich die Wohnzimmer in Relation zu den übrigen Räumen als überproportional groß und an den Bedürfnissen der meist mehrköpfigen Familien vorbeigeplant. Von vielen wurde dieser Raum schon bald halbiert, um ein weiteres Kinderzimmer einrichten zu können. Bei den Gartenflächen mag die Maxime, daß ein vollbeschäftigter Familienvater[+] Nahrungsmittel erwerben kann, planerisch dominiert haben, sie sind im Vergleich als klein zu bezeichnen (Grundstücksfläche max. 450 m^2). Gerade sie haben sich aber in den frühen fünfziger Jahren, in denen es noch an vielen Lebensnotwendigkeiten gemangelt hat, als wertvolle Stützen der Haushalte erwiesen. Der verfügbare Boden ist bearbeitet und für den Gemüseanbau genutzt worden. Ferner haben die Siedler/-innen Schlachtvieh gehalten.

Größere Probleme des Alltags löste man zumeist durch Nachbarschaftshilfe: Für die kleinen Rasenflächen der Vorgärten kauften bspw. mehrere Nachbarfamilien einen Rasenmäher zur gemeinsamen Nutzung. Man half sich beim Tapezieren, bei Innenausbauten, beim Schlachten...

Am 13.4.1955 wurden die Kaufverträge unterzeichnet. Bis zu diesem Zeitpunkt lebten die Kaufinteressenten/-innen in einer juristischen Grauzone: Ihr Wohnrecht war noch nicht vertraglich fixiert, so daß es zu einigen Wohnungskündigungen kam. Als quasi 'Mietkaufzins' entrichteten sie bis dahin vereinbarte DM 45,-/Monat, die später mit den Borgward-Darlehen verrechnet wurden.

[+] Anm.: durchschnittl. Bruttowochenverdienst eines männlichen Arbeiters im Straßen- und Luftfahrzeugbau in Bremen 1950: 75,28 DM/49 h
Durchschnitt insgesamt: 65,94 DM/49 h
nach: STATISTISCHES HANDBUCH 1950 - 1960, S. 301

Die Kaufverträge enthielten diverse Verfügungsbeschränkungen, beispielshalber mußte der Verkäufer Neu-, An-, Um- und Einbauten, Änderungen des Hausputzes und -anstriches sowie einem Weiterverkauf zustimmen. Er behielt sich das Rückkaufsrecht für einen Zeitraum von zwanzig Jahren vor (vgl. §§ 7 - 12 des Kaufvertrags vom 13.4.1955)

"Käufer bestellt der Borgward-Unterstützungskasse e. V. in Bremen eine Darlehnshypothek (...) die ab 1.7.1954 mit 3% jährlich zu verzinsen und mit 2% jährlich zuzüglich ersparter Zinsen zu tilgen ist. Diese Sätze erhöhen sich auf 6% Zinsen und 10% Tilgung, wenn der Arbeitgeber, bei dem der Käufer jetzt tätig ist, das Dienst- oder Arbeitsverhältnis wegen eines im Verhalten des Käufers liegenden Grundes auflöst oder wenn Käufer dieses Verhältnis auflöst, ohne daß der Arbeitgeber dazu einen Anlaß gegeben hat." (§ 2 Abs. 4 des Kaufvertrages vom 13.4.1955)

7.1.2. Räumliches Erscheinungsbild der Borgward-Siedlung

Die Borgward-Siedlung trägt das Los vieler vorstädtischer Kleinsiedlungen: Sie ist ´überaltert´ (s. auch 8.).
Aufgrund zu geringer Wohnflächen und fehlenden kulturellen Angeboten ist die ´zweite Generation´ der Siedler/-innen zumeist fortgezogen, kommt selbst im Erbfall nicht zurück. Demzufolge werden viele zum Verkauf anstehende Wohnungen von Fremden erworben. Eine Entwicklung, die nicht nur zur Entfremdung der Bewohner/-innen untereinander beigetragen hat, sondern die sich auch in naher Zukunft baulich manifestieren wird (Fassadengestaltung, Umbauten etc.)

Die Siedlungsanlage gleicht entfernt einem Viereck, das an zwei Seiten durch später errichtete Wohnhäuser der ´Reichsbund Wohnungsbaugesellschaft´ ergänzt worden ist. Letztere erscheinen, da sie in ihrer äußerer Gestaltung nur unwesentlich (Kellerräume, Hausgröße) von den Borgwardbauten abweichen, als gelungene architektonische und räumliche ´Verlängerung´. Das Viereck, hat es Geschlossenheit vermitteln sollen, ist somit

allerdings nur bedingt zum Tragen gekommen.
Die Siedlungsstraßen sind verhältnismäßig breit angelegt worden. Es existieren keine befestigten Fußwege, nur unbefestigte Seitenstreifen, die in dem sehr feuchten Gebiet als Entwässerungsflächen fungieren.
Bei der Architektur der Häuser wäre ein stärkerer Bruch mit der nationalsozialistischen Vergangenheit wünschenswert gewesen. Sowohl steiles Dach als auch Fensterkreuz und Fassadenweiß sind zur äußeren Gestaltung verwendet worden. Die verantwortlichen Architekten Schöningh und Lodders, letzterer ließ bei der Konstruktion des noch immer für Industriebauten vorbildlichen Borgwardwerks Sebaldsbrück mannigfaltig 'Bauhaus'-Zitate einfliessen, wählten wenigstens die gemischte Bauweise.

Neben Doppelhäusern finden sich drei Reihenhausketten, deren Wohnungen bei den Siedler/-innen als attraktiver galten und gelten: Niedrigere Heizkosten durch den Fortfall von Außenwänden, Hauseingänge zur Straßenseite, besonders aber effektiver zu nutzende Gärten (da die Grundstücksflächen annähernd identisch sein sollten, bei Reihenhäuser aber kein Seitenzugang vorhanden war, schlug man die fehlenden Flächen den Hintergärten zu) haben sich als entscheidende Bonuspunkte in der Bewohnergunst erwiesen.

Da Um- und Anbauten lange Zeit der Genehmigung des Bauträgers bedurft haben, diese Bestimmung aber erst in den letzten fünfzehn Jahren weitgehend ignoriert wird, lassen sich bauliche Änderungen nur begrenzt, hauptsächlich im nicht sofort einsehbaren Hinterhausbereich, verzeichnen. Viele Neuerungen beziehen sich auf das Dachgeschoß. Die ausgeprägten Dachschrägen haben ursprünglich die Bewegungsfreiheit eingeschränkt und das Aufstellen von größeren Möbelstücken erschwert. Zur Gewinnung von Wohnfläche hat man von Bewohnerseite vielfach Dachhäuschen zu -erkern ausgebaut. Die bei den Doppelhäusern zu den Gärten hin liegenden Hauseingänge werden noch heute als störend empfunden. Baut man an oder aus, versuchen die Eigentümer/-innen zumeist, diese an die freistehende Hausseite zu verlegen.

Bei Fassadenrenovierungen sind häufig Blendsteine und neue Farbanstriche (statt des herkömmlichen Weiß), bei Dachneudeckungen oft andere Ziegelarten und -formen verwendet worden. Die ursprünglich gegliederten Fenster wurden oft durch solche mit Isolierverglasung ohne Fensterkreuz ersetzt. Die Bewohner/-innen der Doppelhausgrundstücke haben beinahe ausnahmslos den Seitenzugang als Autozufahrt angelegt, den vorhandenen Stall neu gestaltet und als Garage umfunktioniert.

Klammert man die Eggestr. als Hauptverbindungsweg nach Hemelingen mit - in Siedlungsrelation gesetzt - überproportionalem Verkehrsaufkommen aus, so ist die Borgward-Siedlung als ruhiges, vorstädtisches Wohngebiet zu klassifizieren, dessen gesamtes Erscheinungsbild (Hausgestaltungen, Einfriedungen, Gärten usw.) harmonisch und ausgeglichen wirkt - noch!

8. Sozialstrukturen: Stiller Wandel

Anhand der von mir erhobenen Daten lassen sich folgende soziostrukturellen Veränderungen in den Siedlungen konstatieren[+]:

8.1. Generelle soziostrukturelle Veränderungen

- Alle Siedlungen können ursprünglich als ´Arbeitersiedlungen´ bezeichnet werden (Spannweite: 75,4% - 92,2% Anteil in der Bewohnerschaft), wobei die von Focke-Wulf und Borgward zu ihrer Entstehungszeit eindeutig als Wohngebiete für Facharbeiter/-innen auszumachen sind (Verhältnis gegenüber den restlichen Haushalten 4 : 1 bzw. 2 : 1).
Ob die obige Klassifikation noch heute anwendbar ist, bedarf der Diskussion (s. auch S. 61): Rechnet man allein die Erwerbstätigkeiten, so erscheint sie in keinem Falle mehr gerechtfertigt. Werden sozialpsychologische Kriterien (tatsächliche Modifikationen der Verhaltens- und Lebensgewohn-

---

[+] Anm.: Datenübersicht, Erläuterungen zur Methode und deren Problematik im Anhang!

gewohnheiten nach Erreichen des Ruhestandsalters, Änderungen der Weltanschauungen oder Selbsteinordnungen etc.) berücksichtigt, so erscheint ihre Beibehaltung möglich, da auch die arbeiterkulturell geprägten Milieus erfahrungsgemäß bestehen bleiben (vgl. hierzu ROMMELSPACHER in: MAUTHE u. a. 1983, S. 102 - 107).

- In allen Siedlungen nimmt der Anteil der Arbeiter/-innen quantitativ mehr oder minder konstant ab, während die Zahl der Nicht-Lohn- und Gehaltsabhängigen (NLGA, i. e. fast ausschließlich Renten- und Pensionsempfänger/-innen) annähernd proportional ansteigt (man beachte besonders die 'Generations-' oder '25-Jahres-Intervalle'!). Art und Symmetrie der Entwicklungen lassen einen auf die Altersstrukturen bezogenen Verschiebungsprozeß erkennen:
'Von der Arbeiter- zur Rentnersiedlung!'
(bei Werksiedlungen im Ruhrgebiet lassen sich ähnliche Vorgänge ermitteln, vgl. ROMMELSPACHER in: MAUTHE u. a. 1983, S. 110)

- Da die meisten Wohnungen schon längere Zeit in Privatbesitz sind und die Bewohner/-innen, scheiden sie kurz- oder langfristig aus dem Erwerbsleben aus, in ihnen wohnen bleiben können, ist diese Verschiebung nicht ungewöhnlich. Sie läßt auf lange Wohndauern schließen und impliziert eine generelle 'Überalterungstendenz' der jeweiligen Siedlung.
Setzt man 'Wohndauer' als wichtigsten Indikator für 'Wohnzufriedenheit', so darf diese prinzipiell für alle Siedlungen vermutet werden.

- Der Anteil der Angestellten und Beamten/'innen an den einzelnen Bewohnerschaften ist noch immer nicht signifikant (maximal 11,2%) und in den Beobachtungszeiträumen auch nicht bedeutsam gestiegen.

8.2. Siedlungsspezifische Veränderungen

a) Jute
- Atypisch bei den Jutewohnungen ist die ursprünglich sehr hohe Quote un- und angelernter Arbeitskräfte (58,1%; Diedrich-

Wilkens-Str./Girardonistr. sogar 72,2%, real wahrscheinlich erheblich höher, s. Anhang!). Sie stellt sich 1979 noch überdurchschnittlich dar (10,9%; im Vergleich: AW: 7,2%, Focke-Wulf: 6,1%, Borgward 1977: 8,7%).
Sind anfänglich der Werksbedarf an Arbeitskräften und günstige Mieten ausschlaggebend für die Zusammensetzung der Bewohnerschaft gewesen, so erklärt sich die konstant höhere Quote aus der strukturellen und sozialen Diskreditierung des Gebietes Diedrich-Wilkens-Str./Girardonistr. (schlechte Bausubstanz, hohe Lärmbelastung, hoher Anteil ethnischer Minderheiten usw.). All dies läßt es für Wohninteressenten/'innen mit anderem Sozialstatus unattraktiv erscheinen.

- Auffallend sind auch die hohen Verluste an Bewohner/-innen (statt 142 nur 50 Haushalte) im Zeitraum von 1941 - 1979 in der Diedrich-Wilkens-Str./Girardonistr. Als Ursachen hierfür dürfen der Fortfall der Kasernenwohnungen (- 47,5 Wo.), bauliche Umgestaltungen (Vergrößerung der Wohneinheiten) und ein verstärkter Gebrauch der Eigentumsprivilegien (niedrigere Belegung) angenommen werden.
- Für das Generationsintervall (1941 - 1966) läßt sich insgesamt keine Verschiebung der Berufsstruktur feststellen, die Relation Arbeiter/-innen gegenüber NLGA stagniert bei einem Verhältnis von 2 : 1. Innerhalb des gleichen Zeitraums kann man zwei bedeutende demographische Entwicklungen hervorheben:

    1.) Ein Rückgang der Haushaltungen (absolut: - 66), der zahlenmäßig dem Abwanderungsquantum der unterprivilegierten Haushalte, i. e. Ungelernte/Angelernte sowie NLGA, entspricht.

    2.) Eine daraus resultierende Verlagerung innerhalb der Gruppe der Arbeiter/-innen. Hier nimmt der prozentuale (!) Anteil der An- und Ungelernten entsprechend dem Zuwachs der Facharbeiter/-innen ab.

Die Gründe für die Diskontinuität der Siedlungsentwicklung mögen im Fortfall günstigen Mietraums durch Eigentumswechsel (Privatisierung, wobei Facharbeiter/-innen vermutlich vorrangig Wohnungen erworben haben, bzw. DDG Hansa) und in der Ju-

liquidation (Abwanderung unterqualifizierter Arbeitskräfte) gelegen haben. Mit der Verdrängung unterprivilegierter Bewohner/-innen ist offenbar eine Veränderung der Altersstruktur (Verjüngung) einhergegangen.

b) AW

Trotz eines hohen Mietwohnungsbestandes 'überaltert' die AW analog zu den restlichen Siedlungen. Dieses läßt auf lange Wohndauern auch jener Bewohner/-innen, die keinen Hausbesitz erworben haben, schließen. Der Rückgang der Haushaltungen seit 1966 ist mit einem allgemeinen Bedürfnis nach größeren Wohnflächen und der seit 1970 verstärkten Privatisierung von genossenschaftlichen Wohnhäusern zu interpretieren.

c) Focke-Wulf

Der Focke-Wulf-Kamp kann 1979 als einzige der Siedlungen mehr Haushalte als zu seiner Entstehungszeit aufweisen (132 statt 90). Die Architektur (meist freistehende Einzelhäuser) und relativ große Gartenflächen haben vergleichsweise unproblematisch An- und Ausbauten ermöglicht. So leben heute oftmals zwei Generationen unter einem, allerdings größeren Dach.
Der Siedlungsstatus und besonders die günstige Wohnlage haben den Focke-Wulf-Kamp offensichtlich auch für Angestellte als Wohnstandort interessant gemacht. Ihr Anteil ist von 1966 bis 1979 um 6,8% gewachsen.

d) Borgward

Die rasche Verlagerung zwischen den soziostrukturell dominanten Gruppen (Arbeiter/-innen: - 23,8%, NLGA: + 22,7% im Generationsintervall) begründet sich im hohen Durchschnittsalter der Borgwardsiedler/-innen beim Erstbezug. Bedingung für eine Siedlerstelle ist die zehnjährige Betriebszugehörigkeit gewesen.
Verifiziert werden kann die These, daß die Osningstr eine 'Meisterecke' gewesen sei: 1952 betrug der Facharbeiteranteil dort 89,8% (im Gesamtdurchschnitt: 66,2%).

9. Abschließendes

Als Quintessenz meiner Arbeit lassen sich folgende Leitsätze formulieren:

- Der Werkwohnungsbau in Hemelingen hat sich historisch gewandelt. Er ist jeweils an die unterschiedlichen polit.-ökonomischen Bedingungen angepaßt worden.
- Hinter dem Werkswohnungsbau haben werkspezifische Ansprüche, Interessen und Notwendigkeiten gestanden.
- Die untersuchten Siedlungen sind wie ähnliche anderorts auch als dynamische, d. h. sich ständig sozial und architektonisch wandelnde, und nicht als statische Räume zu bebegreifen.
- Die Wohnqualität einer Siedlung ist nicht nur an den jeweiligen Wohnungsstandards, sondern auch an der infrastrukturellen Erschließung und Ausstattung des Gebiets sowie am subjektiven Wohlbefinden der Bewohner/-innen zu messen. Sie differiert in Hemelingen je nach Siedlung nicht unerheblich.

9.1. Werkwohnungsbau in Bremen - unus pro multis?

Zum Abschluß möchte ich folgendes zur Übertragbarkeit der Ergebnisse meiner Arbeit auf das übrige Stadtgebiet anmerken:

Bezogen auf Initiative, Funktion, Auswirkungen und Entwicklung des Werkwohnungsbaus lassen sich deutliche Parallelen zwischen dem 'Mikrokosmos' Hemelingen und dem restlichen Stadtgebiet feststellen[+)].

[+)] Anm.: Zur inhaltlichen Verifikation verweise ich auf die bereits existierende Fachliteratur, insbesondere auf BERTHOLD (1896, S. 2 - 10), BARFUSS (1986, S. 144 - 149), ELLERKAMP (u. a. in: DRECHSEL u. a. 1983, S. 215 - 218), LEOHOLD (1986, S. 133 - 141), STECKEL (1983, S. 89 - 95), STEINBACHER (1983, S. 59 - 91), VOIGT (1986, S. 1 - 178) und BWK (1984, o. S.).

Initiative:
In Bremen traten fast ausnahmslos industrielle Großbetriebe als Initiatoren des Werkwohnungsbaus auf.

Funktion:
Die Motive der Unternehmen waren weitgehend identisch, sie variierten nach Standort- und Werkerfordernissen. Interessant erscheint, daß in allen mir bekannten Bremer Beispielen der Wohnungsbau dem Produktionsbeginn gefolgt, d. h. ein vorhandenes lokales Arbeitskräftepotential höchstens sekundär entscheidend für die betriebliche Standortwahl gewesen ist. Werkwohnungsbau in Bremen hat sich stets als Reaktion der Unternehmen auf örtliche, aber auch auch überregionale Wohnungsnöte dargestellt. Die Ursachen des Wohnungsmangels konnte sich aus unmittelbaren (Werksgründung) oder mittelbaren Zusammenhang (Wirtschaftskrise) herleiten.

Auswirkung:
Als Faustregel ließe sich aufstellen: "Je weiter vom alten Bremer Stadtkern (Altstadt/Neustadt) entfernt Werkwohnungen errichtet worden sind, desto intensiver haben sie die einzelnen Stadtteile geprägt."
Die bremischen 'Randbezirke' sind auch im Wohnungssektor maßgeblich von Industriebetrieben gestaltet worden.

Entwicklung:
Die Entwicklung vom 'traditionellen' zum 'geförderten' Werkwohnungsbau ist - zeitlich gering modifiziert - auch in anderen Stadtteilen zu beobachten.
Spätestens seit Mitte der fünfziger Jahre kann ein genereller Rückzug der Industriebetriebe aus Planung und Bauleitung von Wohnprojekten konstatiert werden. Altbestände sind zudem häufig an Privatinteressenten/'innen oder an gemeinnützige/genossenschaftliche Wohnungsbauunternehmen (zum Teil unter Beibehaltung von Belegungsrechten) veräußert worden. Bewirtschaften Werke noch heute eigene Wohnungen, so dienen jene meist als kostengünstige Unterkünfte für ausländische oder sehr mobil eingesetzte Arbeitskräfte.

Abweichungen:

Abweichungen vom Hemelinger Werkwohnungsbau sind standort- bzw. applikationsbedingt:
- Eingeschoßbauten dominieren nicht in allen betroffenen Stadtteilen. Der Rückgriff auf verdichtete Bauweisen ist in der Regel mit der Nähe zum Stadtkern, d. h. höheren Grunderwerbskosten und geringerem Flächenangebot zu erklären.
- Einzelne Betriebe wendeten zeitgleich mehrere Varianten des Werkwohnungsbaus an. So errichtete die Bremer Wollkämmerei eigenständig Wohnungen, förderte und beeinflusste aber ebenso die örtliche Baugenossenschaft.

FAZIT:

Eine Gesamtanalyse des 'Werkwohnungsbaus in Bremen' muß noch geschrieben werden. Auch bei weiteren Untersuchungen ist der Stadtteil Hemelingen nicht nur als 'Mikrokosmos' verwendbar, sondern geradezu dafür prädestiniert.

9.2. Nachbemerkung

An dieser Stelle möchte ich den Herausgebern für die Möglichkeit danken, meine Arbeit einer größeren Öffentlichkeit zugänglich zu machen,
ebenso Prof. Taubmann und Dr. Jander für die wissenschaftliche Begleitung,
der Geschichtsgruppe der KUFAG Hemelingen für die vielen Hinweise und Informationen
sowie Regina und Carsten für alle Anregungen, Kritik, Photos...

A n h a n g

- LITERATUR- UND QUELLENVERZEICHNIS
- WERKWOHNUNGSBAU HEMELINGER UNTERNEHMEN - Versuch einer synoptischen Darstellung
- SIEDLUNGSÜBERSICHTEN
  einschl. Soziostrukturelle Veränderungen (tabellarische Übersicht)
  und Anmerkungen zur Sozialstrukturenanalyse
- BEVÖLKERUNGSENTWICKLUNG der Gemeinde Hemelingen 1835 - 1939 und der Bremer Ortsteile Hemelingen/Arbergen 1950 - 1980
- GEBIETSENTWICKLUNG der Stadt Bremen 1848 - 1945

LITERATUR- UND QUELLENVERZEICHNIS

1. Literatur

ALBRECHT, Gerhard (Hg.): Handwörterbuch des Wohnungswesens.
- Jena 1930 (Fischer).

ARBEITSGEMEINSCHAFT BREMER SCHULE (= AGBS) (Hg.): Bremen einst und jetzt. - Bremen 1958 (Eilers & Schünemann).

ARBEITSGEMEINSCHAFT BREMER GESCHICHTSGRUPPEN (= AGBG) (Hg.): Entdeckt(e) Geschichte. - Bremen 1986 (Atelier i. Bauernhaus).

BARFUSS, Karl Marten: Gastarbeiter in Nordwestdeutschland 1884 - 1918. - Bremen 1986 (Selbstverlag des Staatsarchivs).

BIECKER, Johannes u. a. (Hg.): Arbeitersiedlungen im 19. Jahrhundert. - Bochum 1985 (Brockmeyer).

BLANKENBURG, J.: Hemelingen sonst und jetzt. Ein Vortrag.
- Hemelingen 1900 (Meißner).

BRECH, Joachim (Hg.): Wohnen zur Miete.
- Weinheim und Basel 1981 (Beltz).

BRILL, Hubert Gerard: Ich gehe nach Hemelingen.
- Bremen 1984 (Brockkamp).

DIRISAMER, Rudolf u. a. (Hg.): Wohnen - ein Handbuch.
- Wien 1984 (Löcker).

DRECHSEL, Wiltrud u. a. (Hg.): Beiträge zur Sozialgeschichte Bremens Heft 6: Arbeitsplätze: Schiffahrt, Hafen, Textilindustrie 1880 - 1933. - Bremen 1983 (Selbstverlag der Universität).

DRECHSEL, Wiltrud u. a. (Hg.): Beiträge zur Sozialgeschichte Bremens Heft 9: Wohnen: Östliche Vorstadt - zur Entstehung eines Stadtteils im 19. Jahrhundert. - Bremen 1985 (Selbstverlag der Universität).

ECKSTEIN, Julius: Historisch-biographische Blätter (Band 3): Der Staat Bremen. - Berlin o. J. (Eckstein).

EISENBAHNJAHR AUSSTELLUNGSGESELLSCHAFT (= EJA) (Hg.): Zug der Zeit - Zeit der Züge Band 2. - Berlin 1985 (Siedler).

FRANKFURTER KUNSTVEREIN u. a. (= FKV) (Hg.): Kunst im 3. Reich - Dokumente der Unterwerfung. - Frankfurt/M 1979 (2001).

HEINRICH, Adolf F.: Die Wohnungsnot und die Wohnungsfürsorge privater Arbeitgeber. - Marburg 1970 (Selbstverlag der Universität).

HELMS, Hans G. u. a. (Hg.): Kapitalistischer Städtebau.
- Neuwied und Berlin 1971 (Luchterhand).

HERLYN, Ingrid u. a. (Hg.): Wohnverhältnisse in der Bundesrepublik. - Frankfurt/M 1983 (Campus).

HEUSS, Werner: Hemelingen damals und heute.
- Bremen 1983 (Selbstverlag).

JANDER, Lothar u. a. (Hg.): Metzler Handbuch für den Geographieunterricht. - Stuttgart 1982 (Metzler).

JENKIS, Hubert W.: Ursprung und Entwicklung der gemeinnützigen Wohnungswirtschaft. - Hamburg 1973 (Hammonia).

KASTORFF-VIEHMANN, Renate: Wohnungsbau für Arbeiter - das Beispiel Ruhrgebiet bis 1914. - Aachen 1981 (Klenkes).

KIRSCH, Peter: Arbeiterwohnsiedlungen im Königreich Württemberg in der Zeit vom 19. Jahrhundert bis zum Ende des Ersten Weltkrieges. - Tübingen 1982 (Tübinger Geographische Studien).

KUBISCH, Ulrich (Hg.): Borgward - ein Blick zurück.
- Berlin 1984 (Elefanten Press).

KULTUR- UND FREIZEIT-ARBEITSGEMEINSCHAFT HEMELINGEN: Auch Hemelingen hatte einen Adolf-Hitler-Platz. - Bremen 1986 (Selbstverlag).

LEOHOLD, Volkmar: Die Kämmeristen.
- Hamburg 1986 (VSA).

MATTAUSCH, Roswitha: Siedlungsbau und Stadtneugründungen im deutschen Faschismus. - Frankfurt/M 1981 (Haag & Herchen).

MICHELS, Peter: Vom Blitzkarren zum großen Borgward.
- Schmallenberg 1982 (Michels).

NIETHAMMER, Lutz (Hg.): Wohnen im Wandel.
- Wuppertal 1979 (Hammer).

NOVY, Klaus u. a. (Hg.): Anders leben - Geschichte und Zukunft der Genossenschaftskultur. - Berlin und Bonn 1985 (Dietz).

PARPART, Uwe (Hg.): Genossenschaftliche Selbsthilfe als politische Kultur. - Bremen 1985 (Landeszentrale für polit. Bildung).

PELTZ-DRECKMANN, Ute: Nationalsozialistischer Siedlungsbau.
- München 1978 (Minerva).

PETSCH, Joachim (Hg.): Architektur und Städtebau im 20. Jahrhundert Band 1 und 2. - Berlin 1975 (VSA).

PETSCH, Joachim (Hg.): Baukunst und Stadtplanung im Dritten Reich. - München und Wien 1976 (Hanser).

SCHWARZWÄLDER, Herbert: Geschichte der Freien Hansestadt Bremen (Band 2 - 4). - Bremen 1976 (Bd. 2, Röver), Hamburg 1983 (Bd. 3, Christians), Hamburg 1985 (Bd. 4, Christians).

SELLE, Klaus: Bestandspolitik.
- Darmstadt 1986 (Verlag für wissenschaftliche Publikationen).

DER SENATOR FÜR BILDUNG, WISSENSCHAFT UND KUNST (= BWK) (Hg.): Wohnsiedlungen in Bremen 1900 - 1945 - Materialsammlung.
- Bremen 1984 (Selbstverlag).

DIE SPARKASSE IN BREMEN (Hg.): Das Bremer Haus.
- Bremen 1982 (Selbstverlag).

THALENHORST, Carl (Hg.): Bremen und seine Bauten 1900 - 1951.
- Bremen 1952 (Schünemann).

TRÜDINGER, Otto: Die Arbeiterwohnungsfrage und die Bestrebungen zur Lösung derselben. - Jena 1888 (Fischer).

WANDERSLEB, Hermann (Hg.): Handwörterbuch des Städtebaus (Band 1 - 3). - Stuttgart 1959 (Kohlhammer).

WEISS, Johannes (Hg.): Gut gewohnt ist halb gelebt - Wohnverhältnisse und Wohnverhalten in einer Arbeitersiedlung.
- Duisburg 1978 (Sozialwissenschaftliche Kooperative).

WOLTERS, Dierk: Hemelingen - vom Bauerndorf zur Industriegemeinde. - Bremen 1974 (Selbstverlag).

Nachtrag:

MAUTHE, Anne u. a. (Hg.): Ausverkauf von Bergmannswohnungen?
- Mülheim/R 1983 (Westarp).

2. Unveröffentlichte Quellen, Manuskripte

DÜWEL, Klaus: Die industrielle und kommunale Entwicklung des Fabrikortes Hemelingen. - Göttingen 1958 (Dissertation).

FORSCHUNGSPROJEKT - HOCHSCHULE BREMEN: Arbeiterwohnungsbau in Bremen. - Bremen 1980 (Projektbericht).

REINING-HARTZ, Elke: Arbeitsbedingungen in der Jutespinnerei und -weberei Bremen während der Weimarer Republik. - Bremen 1980 (Staatsexamensarbeit).

DER SENATOR FÜR DAS BAUWESEN/STADTPLANUNGSAMT: Ausgewählte Wohnquartiere und -ensembles in Bremen-Stadt - Daten zur Entwicklungsgeschichte, Verfügbarkeit, Ästhetik. - Bremen o. J. (Materialiensammlung).

STACH, B.: Reichsbahnausbesserungswerk Sebaldsbrück 1847 - 1938. - Bremen 1939 (Manuskript).

STECKEL, Sylke: Der Arbeiterwohnungsbau in Bremen in der Weimarer Zeit. - Bremen 1983 (Staatsexamensarbeit).

STEINBACHER, Ulli: Arbeits- und Wohnverhältnisse in Bremen zwischen Weltwirtschaftskrise und 2. Weltkrieg. - Oldenburg 1983 (Diplomarbeit).

VOIGT, Wolfgang: Vom Bremer Haus zur Staatswohnung - Massenwohnung und Politik in Bremen 1900 - 1931. - Hamburg 1985 (Dissertation).

3. Aufsätze in Periodika

BUSCHE, Hans-Otto: 80 Jahre Autostadt Bremen.
in: KURIER AM SONNTAG und BREMER NACHRICHTEN vom 7.11. - 21.12. 1986 (unregelmäßig).

COMMICHAU, Imke: 'Leutenot' lockte sie an.
in: KURIER AM SONNTAG vom 3.8.1986.

HILKER, Christian: Bremens Autobau vor neuen Aufgaben.
in: DER SCHLÜSSEL Jg. 3/H. 9/S. 381 - 387.

STEILEN, Diedrich: Die ersten Arbeitersiedlungen in Bremen-Blumenthal. in: DER SCHLÜSSEL Jg. 6/H. 11/S. 216 - 219.

4. Statistische Handbücher

STATISTISCHES LANDESAMT BREMEN (Hg.): Statistisches Handbuch für das Land Freie Hansestadt Bremen.
Ausgabe 1950 - 1960. Bremen 1961 (Selbstverlag).
Ausgabe 1960 - 1964. Bremen 1967 (Selbstverlag).
Ausgabe 1965 - 1969. Bremen 1971 (Selbstverlag).
Ausgabe 1970 - 1974. Bremen 1975 (Selbstverlag).
Ausgabe 1975 - 1980. Bremen 1982 (Selbstverlag).

5. Adreßbücher

ADRESSBUCH FÜR DEN KREIS ACHIM   Hemelingen (1925) (Trampf).

BREMER ADRESSBUCH   Ausgabe 1937. Bremen 1937 (Schünemann).
                      Ausgabe 1941. Bremen 1941 (Schünemann).
                      Ausgabe 1962. Bremen 1962 (Schünemann).
                      Ausgabe 1966. Bremen 1966 (Schünemann).
                      Ausgabe 1977. Bremen 1977 (Schünemann).
                      Ausgabe 1979. Bremen 1979 (Schünemann).

6. Zeitungen, Zeitschriften

DER ANZEIGER FÜR HEMELINGEN UND UMGEBUNG (Hemelingen)

BREMER NACHRICHTEN (Bremen)

DER CONDOR - WERKSZEITSCHRIFT DER BETRIEBSGEMEINSCHAFT FOCKE-WULF (Bremen)

KURIER AM SONNTAG (Bremen)

DER RHOMBUS (Bremen)

WESER-KURIER (Bremen)

7. Archivalien

Archivalien des Staatsarchivs der Freien Hansestadt Bremen (= StaB)

zu den Jute-Siedlungen:	6,6/1-XII.m.35.b. 6,6/1-XII.m.36.12.C.30. 6,6/1-XII.m.37. 6,6/1-XII.m.38. 6,6/1-XII.m.39. 6,6/1-XII.m.45. 6,6/1-XII.m.46. 6,6/1-XIX.b.34.
zur AW-Siedlung:	6,6/1-XII.m.35.b. 6,6/1-12.c.20.XII.m.3.a. 6,6/1-XII.m.15.Abt.I.Nr.10.
zum Focke-Wulf-Kamp:	4,29/1-879. 4,29/1-903. 4,29/1-904. 4,29/1-905. 4,29/1-906. 4,29/1-907. 4,29/1-908. 4,29/1-909. 4,29/1-910.
zur Borgward-Siedlung:	4,29/1-175. 4,29/1-F.IV.3.a. 4,29/1-S.8.a.Nr.321. 4,29/1-S.8.b.
zu den Wohnungszählungen in Hemelingen:	6,6/1-XVIII.c.8.Abt.XIII.Nr.11. 6,6/1-XVIII.c.9.Abt.26.Nr.B.8.

8. sonstige Informationsquellen

GEMEINNÜTZIGER BREMER BAUVEREIN: (Informationen zur Nutzung der Borgward-Häuser vom 26.1.1951).

HANSEATISCHE BAUSPAR AG: (Informationen zur Finanzierung der Borgward-Siedlung).

IG-METALL-KOLLEGENGRUPPE BEI MBB (= IGM-K): (Informationen zur Ausstellung 'Entdeckte Geschichte' in Bremen im Oktober 1986).

Musterkaufvertrag für ein Borgward-Siedlungshaus vom 13.4.1955.

Schreiben des ESPABAU an den Verfasser vom 21.10.1986 und vom 19.01.1987

Interviews mit Herrn und Frau Herzfeld,
           Herrn Maly,
           Geschichtsgruppe der Kultur- und Freizeitarbeitsgemeinschaft Hemelingen
           (alle im Dezember 1986)

- VII -

WERKWOHNUNGSBAU HEMELINGER UNTERNEHMEN -
Versuch einer synoptischen Darstellung

	PHASE I	PHASE II	PHASE III
ANLASS	lokales Wohnraumdefizit	lokales Wohnraumdefizit	lokales Wohnraumdefizit
INTENTION	Anwerbung von auswärtigen Arbeitskräften z. Gewährleistung der Produktion	Gewinnung und Bindung von Arbeitskräften	Gewinnung und Bindung von qualifizierten Arbeitskräften
TRÄGERFORM/ RECHTSVERH.	werkseigen/ Mietvertrag	gemeinnützig, genossenschaftl. Mietvertrag, Mietkauf	gemeinnützig/ Erwerbsoption
WOHNFORM	minimale wohntechn. Ausstattung; unmittelbar b. Werk	ausreichende Wohnausstattung; unmittelbar b. Werk, werksnah	ausreichende Wohnausstattung; werksnah
EINKOMMEN DER BEW.	entsprach dem absoluten Existenzminimum	unterdurchschn. - durchschnittl.	überdurchschn.
ZEITRAUM	1885 - 1918	1919 - 1938	1936 - 1951

JUTE-SIEDLUNG (I): Diedrich-Wilkens-Str./Girardonistr.

Bauherr/-in: Bremer Jute-Spinnerei und -Weberei, Hemelingen

Bauträger/-in: s. o.

jetzige/-r Eigentümer/-in: privat

Entwurf: (unbekannt)

Herstellungsjahr: 1884 - 1887 und 1908

Haustyp: Reihenhaus, mehrgeschossiges Doppelhaus, zwei Mietshauskomplexe

Grundstücksgröße: Doppelhaus: 310 - 465 m^2, Einzelhaus: 200 m^2

Siedlungsumfang: 131,5 Wohneinheiten

Herstellungskosten je WE: (unbekannt)

Finanzierung: (unbekannt)

Monatl. Belastung/Bew.: Miete 1929 zwischen RM 1,80 und RM 4,90 je Wo.

Auswahl der Bewohner/-innen: durch die Jute

Eigentumsüberschreibung: nach der Liquidation der Jute 1936 Privatisierungsbeginn

Anmerkungen: Wohn- und Wirtschaftsfläche zwischen 55 und 70 m^2, in den Mietshauskomplexen max. 45 m^2

Übersicht nach: StaB 6,6/1-XII.m.36.12.c.30.
StaB 6,6/1-XII.m.37.
StaB 6,6/1-XII.m.38.
StaB 6,6/1-XII.m.39.

- IX -

aktueller Wohngebäudebestand

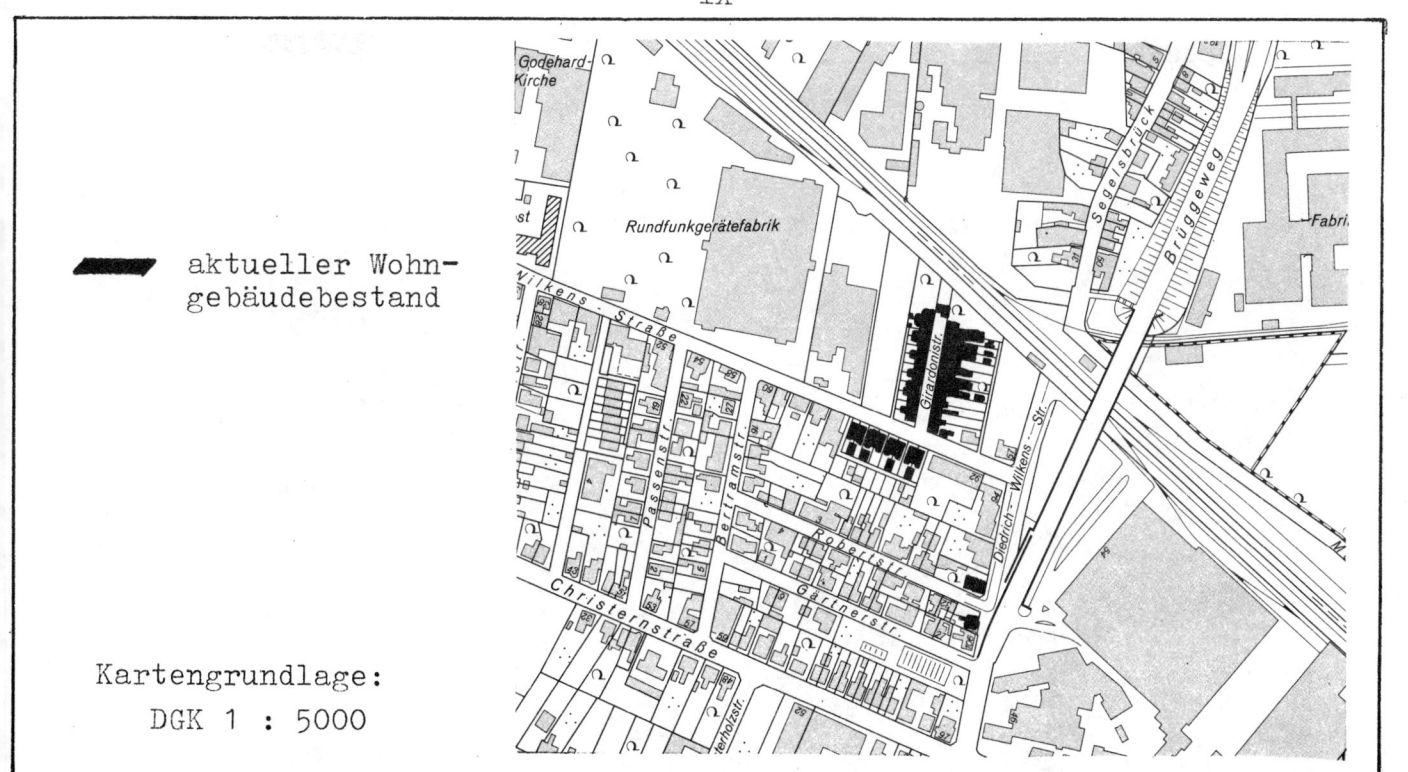

Kartengrundlage:
DGK 1 : 5000

Soziostrukturelle Veränderungen – graphische Darstellung

Quellen: s. tabellarische Übersicht

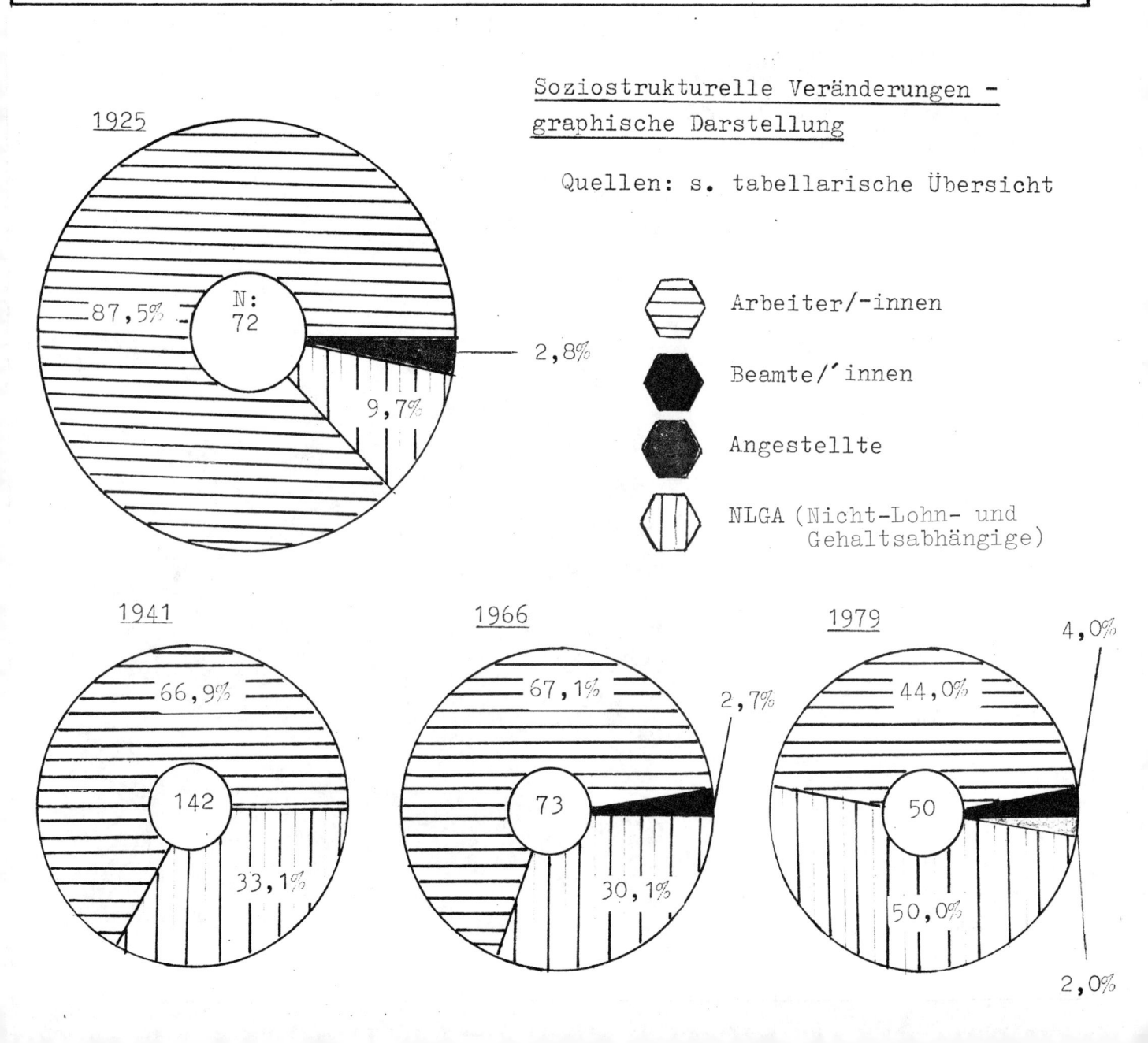

1925
N: 72
87,5%
2,8%
9,7%

- Arbeiter/-innen
- Beamte/-innen
- Angestellte
- NLGA (Nicht-Lohn- und Gehaltsabhängige)

1941
142
66,9%
33,1%

1966
73
67,1%
2,7%
30,1%

1979
50
44,0%
4,0%
50,0%
2,0%

oben:
Girardonistraße

Doppelhaus
Diedrich-Wilkens-Straße

Photos:
C. Loerke

JUTE-SIEDLUNG (II): Osterhop/ Osternadel/ Am Ziegelberg

Bauherr/-in: Bremer Jute-Spinnerei und -Weberei, Hemelingen

Bauträger/-in: Gemeinnützige Baugesellschaft

jetzige/-r Eigentümer/-in: privat

Entwurf: Engelhard

Herstellungsjahr: 1922

Haustyp: Einzel- und Doppelhaus

Grundstücksgröße: ca. 413 m^2

Siedlungsumfang: 82 Wohneinheiten

Herstellungskosten je WE: (unbekannt)

Finanzierung: (unbekannt, s. auch unten)

Monatl. Belastung/Bew.: Miete 1929 je nach Geschoß: 4,30/ 6,50 RM

Auswahl der Bewohner/-innen: durch die Jute

Eigentumsüberschreibung: nach der Liquidation der Jute 1936 erst Eigentum der DDG Hansa, seit 1956 Privatisierung

Anmerkungen: Wohnfläche mit Wirtschaftsbereich max. 58 m^2, Stallfläche max. 14 m^2. Für das Bauvorhaben wurde ein Landesdarlehn über RM 647100 gewährt, das beantragte Gemeindedarlehn über RM 215700 bewilligte der Gemeinderat Hemelingen nicht!

Übersicht nach: StaB 6,6/1-XII.m.36.12.c.30.
StaB 6,6/1-XII.m.37.
StaB 6,6/1-XII.m.38.
StaB 6,6/1-XII.m.45.

- XII -

aktueller Wohngebäudebestand

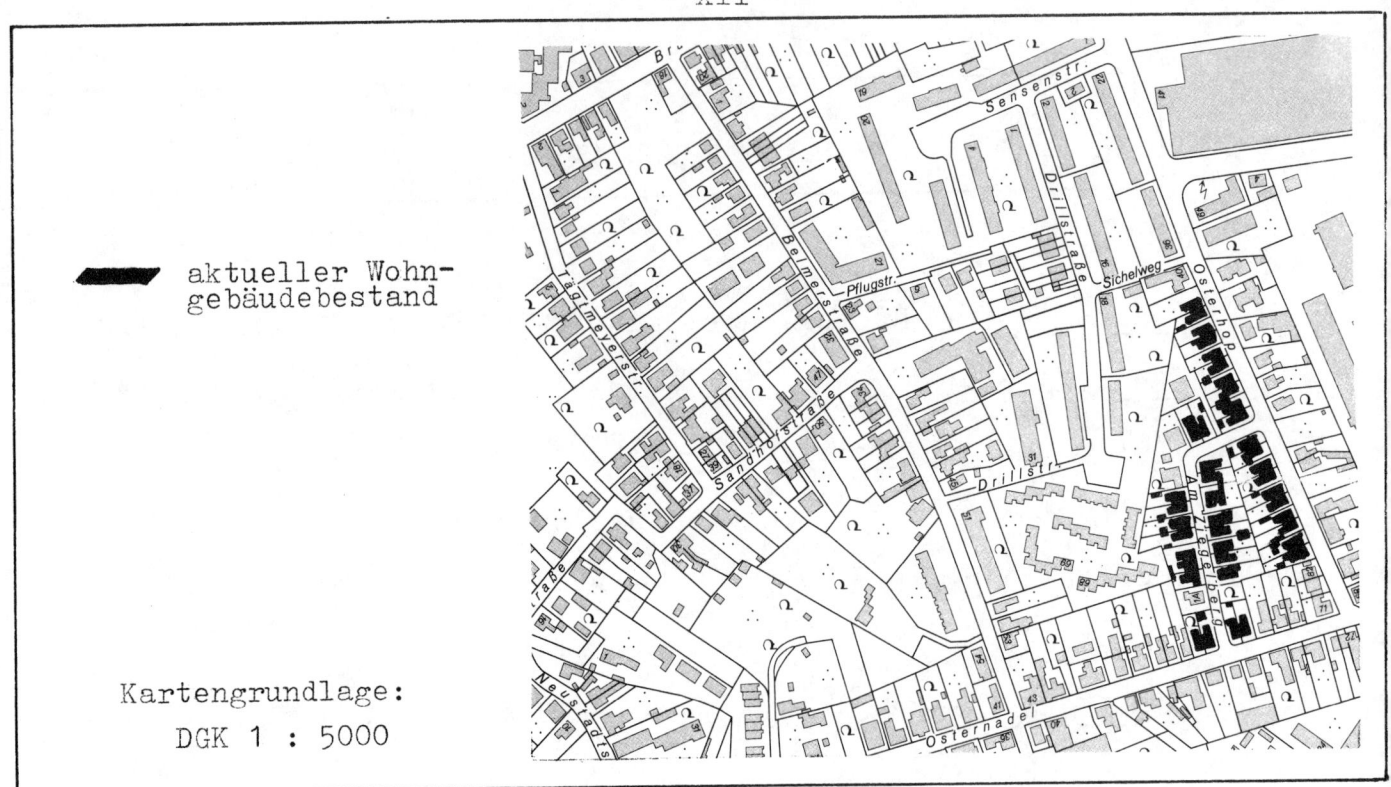

Kartengrundlage:
DGK 1 : 5000

Soziostrukturelle Veränderungen - graphische Darstellung

Quellen: s. tabellarische Übersicht

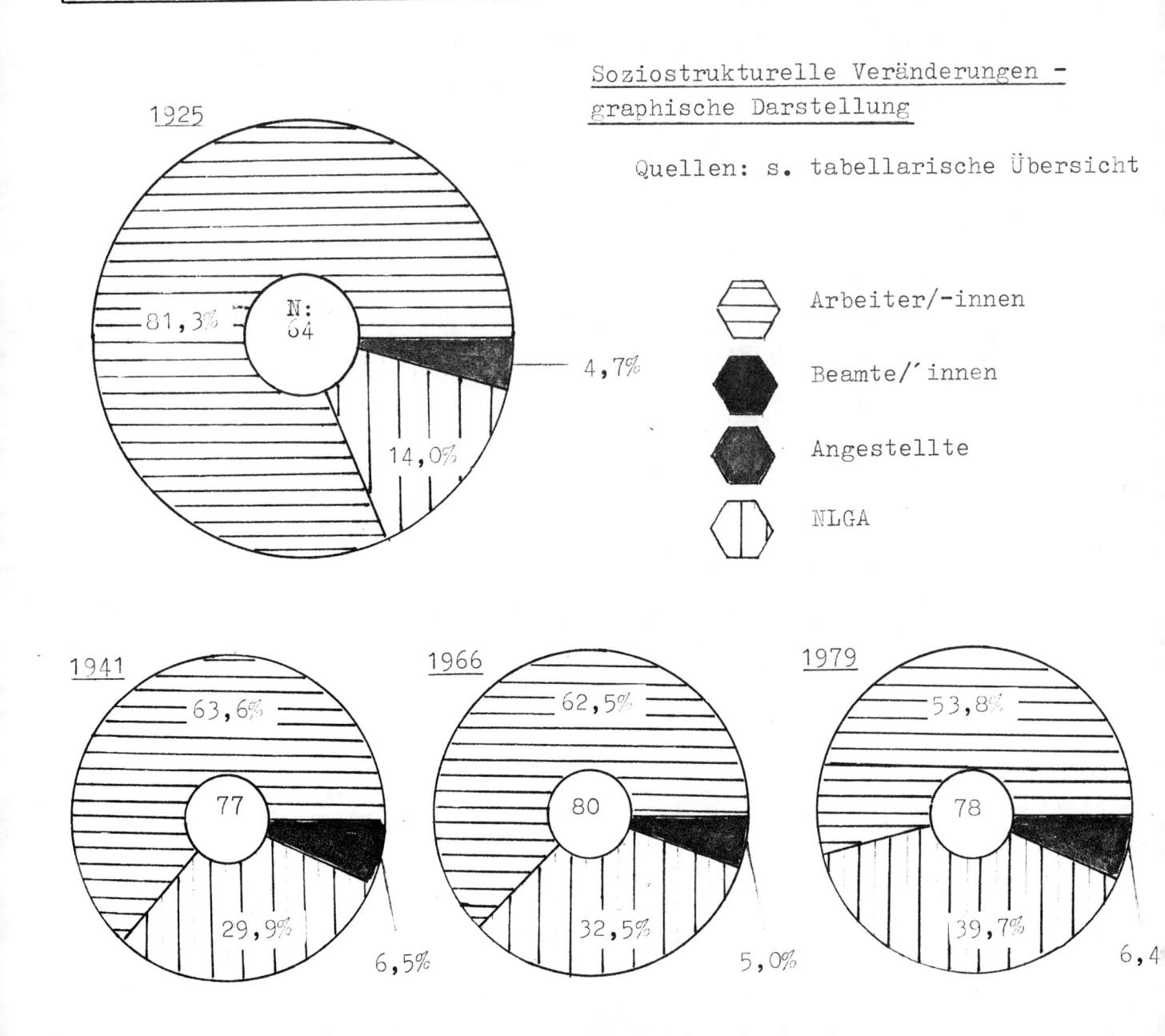

1925
N: 64
81,3%
14,0%
4,7%

- Arbeiter/-innen
- Beamte/-innen
- Angestellte
- NLGA

1941
77
63,6%
29,9%
6,5%

1966
80
62,5%
32,5%
5,0%

1979
78
53,8%
39,7%
6,4

Doppelhaus
Osternadel

unten:
Doppelhäuser Osterhop

Photos:
C. Loerke

A W - S I E D L U N G

<u>Bauherr/-in</u>: Eisenbahn-Heimstätten-Bau- und Sparverein, Hemel.

<u>Bauträger/-in</u>: s. o.

<u>jetzige/-r Eigentümer/-in</u>: privat und ESPABAU Bremen

<u>Entwurf</u>: (unbekannt)

<u>Herstellungsjahr</u>: 1919 - 1938

<u>Haustyp</u>: Einzel-, Doppel- und Reihenhaus, zwei- und dreigeschossige Mietshauskomplexe

<u>Grundstücksgröße</u>: bei Einzel- und Doppelhaus: ca. 700 m^2

<u>Siedlungsumfang</u>: ca. 380 Wohneinheiten (1938)

<u>Herstellungskosten je WE</u>: (1922: 78850 RM)

<u>Finanzierung</u>: 1922: 1. H. Pensionskasse für Eisenbahnarb.

2. H. Pensionskasse für Eisenbahnarb.

Darlehn DR-Reichsbahnverwaltung

Eigenmittel des Bauvereins

<u>Monatl. Belastung/Bew.</u>: s. unten

<u>Auswahl der Bewohner/-innen</u>: durch den Bau- und Sparverein

<u>Eigentumsüberschreibung</u>: noch laufend

Anmerkungen: Wohnfläche mit Wirtschaftsbereich beim Einzel- und Doppelhaus je WE max. 70 m^2, Stallfläche/ WE max. 10 m^2.
Jahresbelastung bei Erwerbshäusern: 4,85% des endgültigen Kaufpreises, hiervon wurden 0,65% als Tilgung gutgeschrieben.
Monatliche Miete 1922 (ob Erwerbs- oder Mietshaus ist nicht bekannt): 75,- RM

Übersicht nach: StaB 6,6/1-XII.m.15.Abt.I.Nr.10.
StaB 6,6/1-XII.m.5.b.
DER ANZEIGER vom 8./9. Jan. 1938
Schreiben des ESPABAU an den Verfasser vom 21.10.1986 und vom 28.1.1987

- XV -

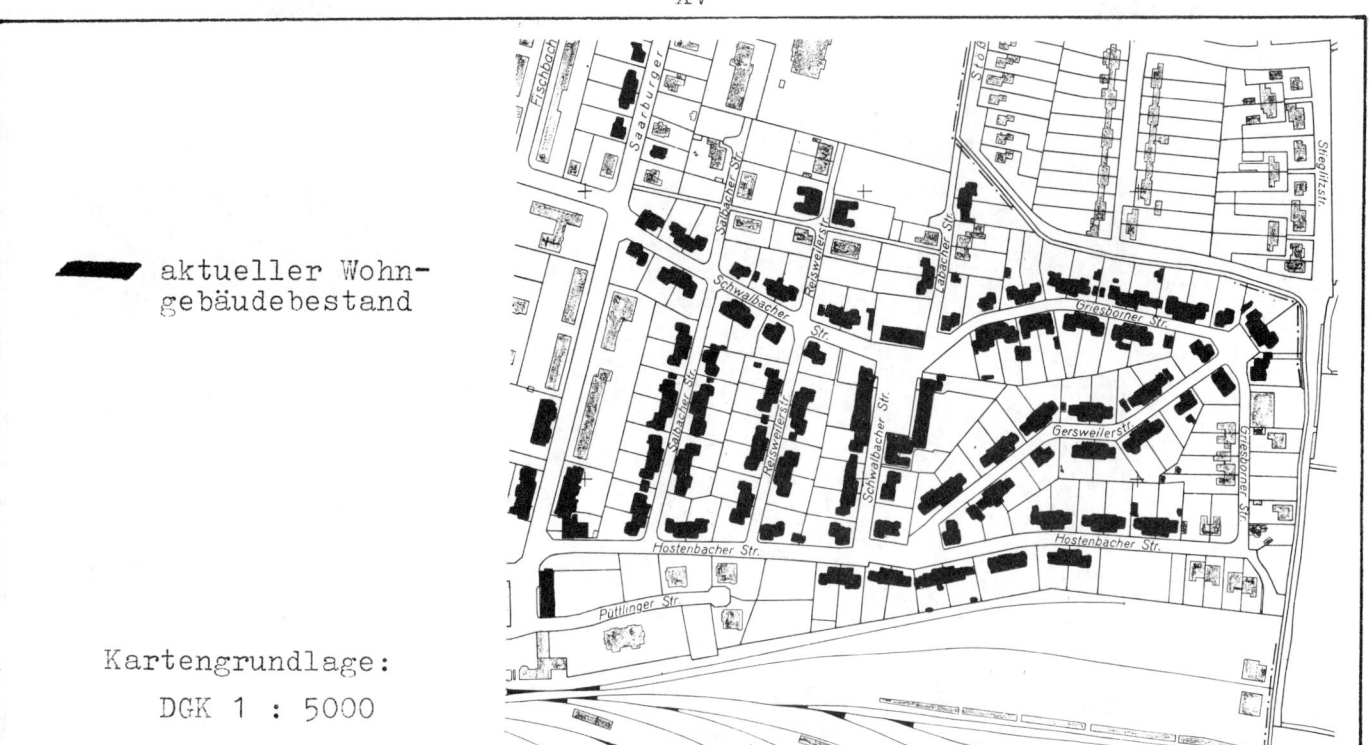

Kartengrundlage:
DGK 1 : 5000

— aktueller Wohngebäudebestand

Soziostrukturelle Veränderungen - graphische Darstellung

Quellen: s. tabellarische Übersicht

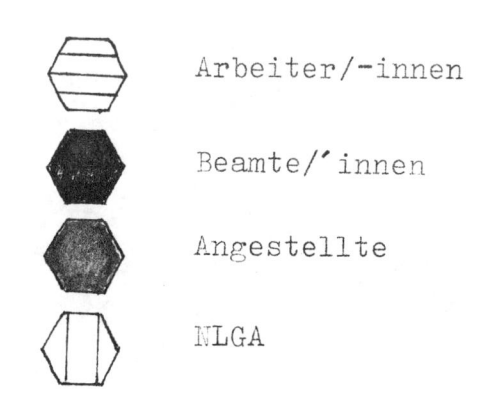

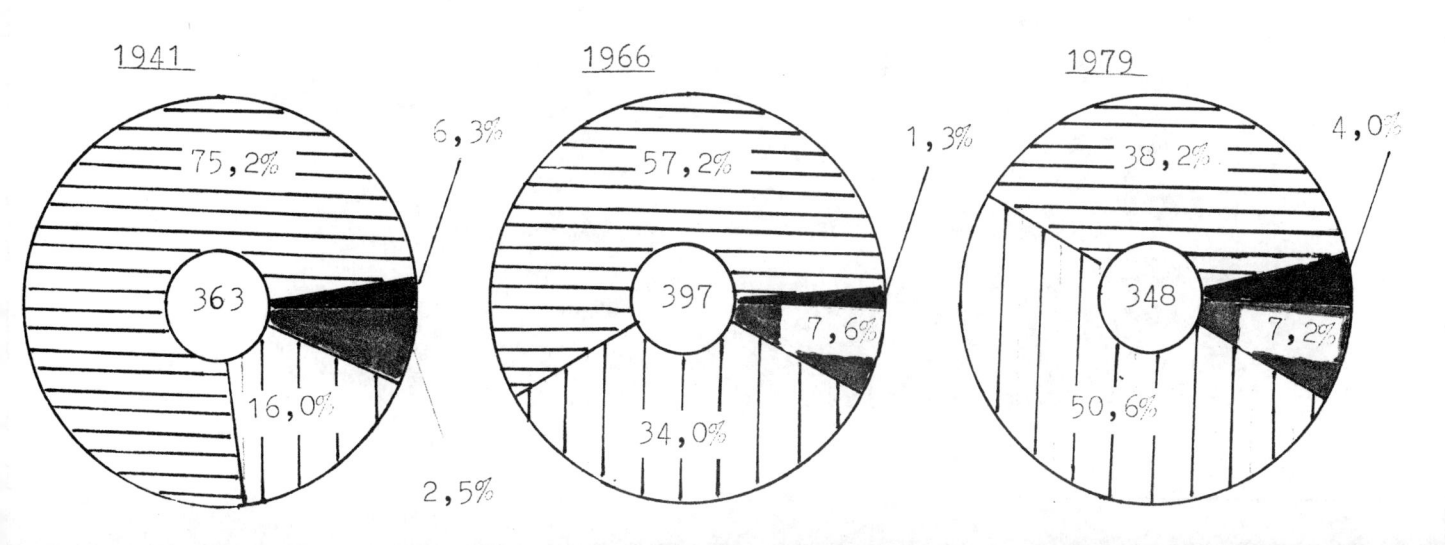

⬡ Arbeiter/-innen

⬢ Beamte/-innen

⬣ Angestellte

⬡ NLGA

1925
N: 310
84,8%
9,0%
6,1%

1941
363
75,2%
6,3%
16,0%
2,5%

1966
397
57,2%
1,3%
7,6%
34,0%

1979
348
38,2%
4,0%
7,2%
50,6%

Griesborner Straße

‚Siedlungszentrum Lindenplatz'

Photos:
C. Loerke

FOCKE-WULF-KAMP

Bauherr/-in:	Focke-Wulf-Flugzeugbau
Bauträger/-in:	GEWOBA
jetzige/-r Eigentümer/-in:	privat
Entwurf:	Pein
Herstellungsjahr:	1936
Haustyp:	Einzel-, Doppel- und Reihenhaus
Grundstücksgröße:	max. 850 m^2
Siedlungsumfang:	100 Wohneinheiten
Herstellungskosten je WE:	6500 - 7400 RM
Finanzierung:	1. H. Bremische Landesbank
	2. H. Bremische Landesbank
	Darlehnsh. Focke-Wulf
Monatl. Belastung/Bew.:	ca. 39,- RM (1936)
Auswahl der Bewohner/-innen:	durch Focke-Wulf
Eigentumsüberschreibung:	1941

Anmerkungen: Wohnfläche/WE: ca. 53 m^2
Wirtschaftsfläche/WE: ca. 18 m^2

Übersicht nach: STEINBACHER 1983, S. 95
BWK 1984, o. S.

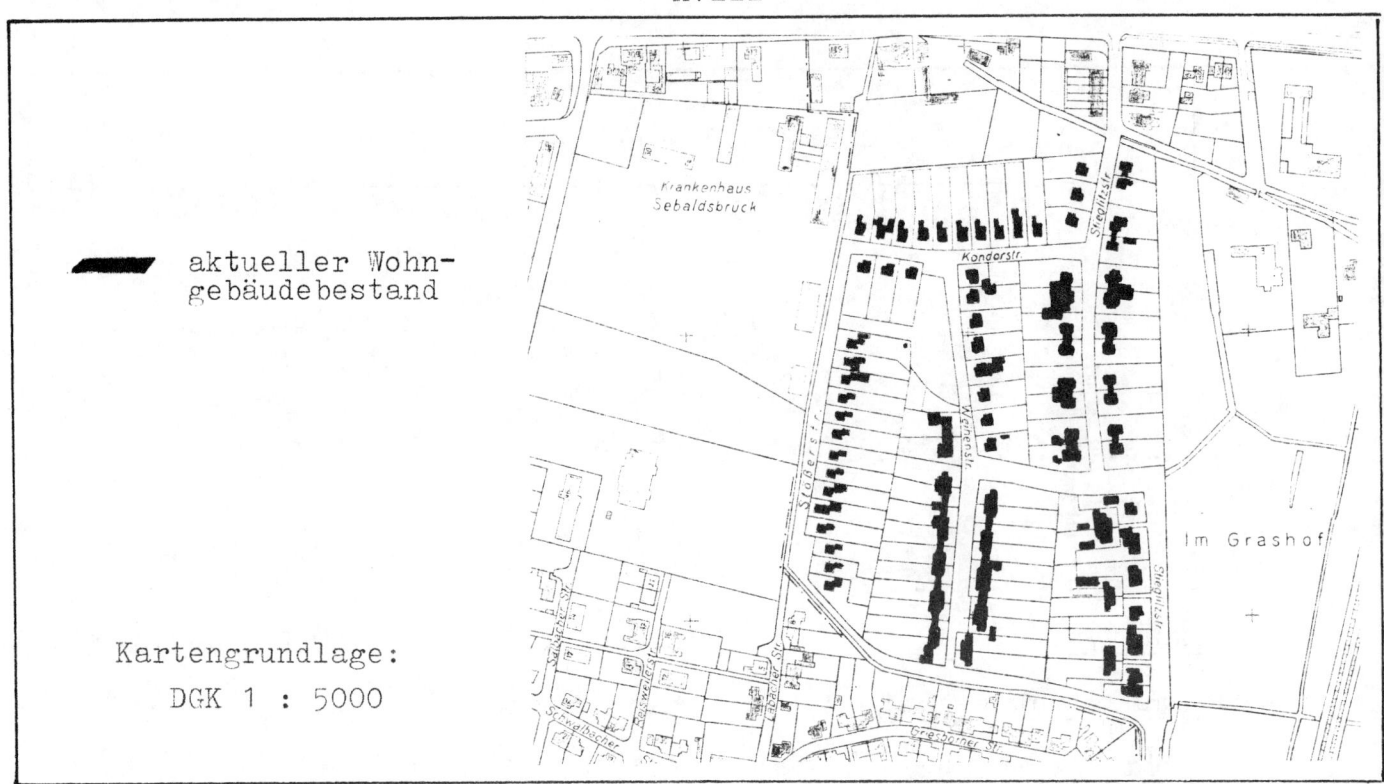

— XVIII —

aktueller Wohn-
gebäudebestand

Kartengrundlage:
DGK 1 : 5000

Soziostrukturelle Veränderungen - graphische Darstellung

Quellen: s. tabellarische Übersicht

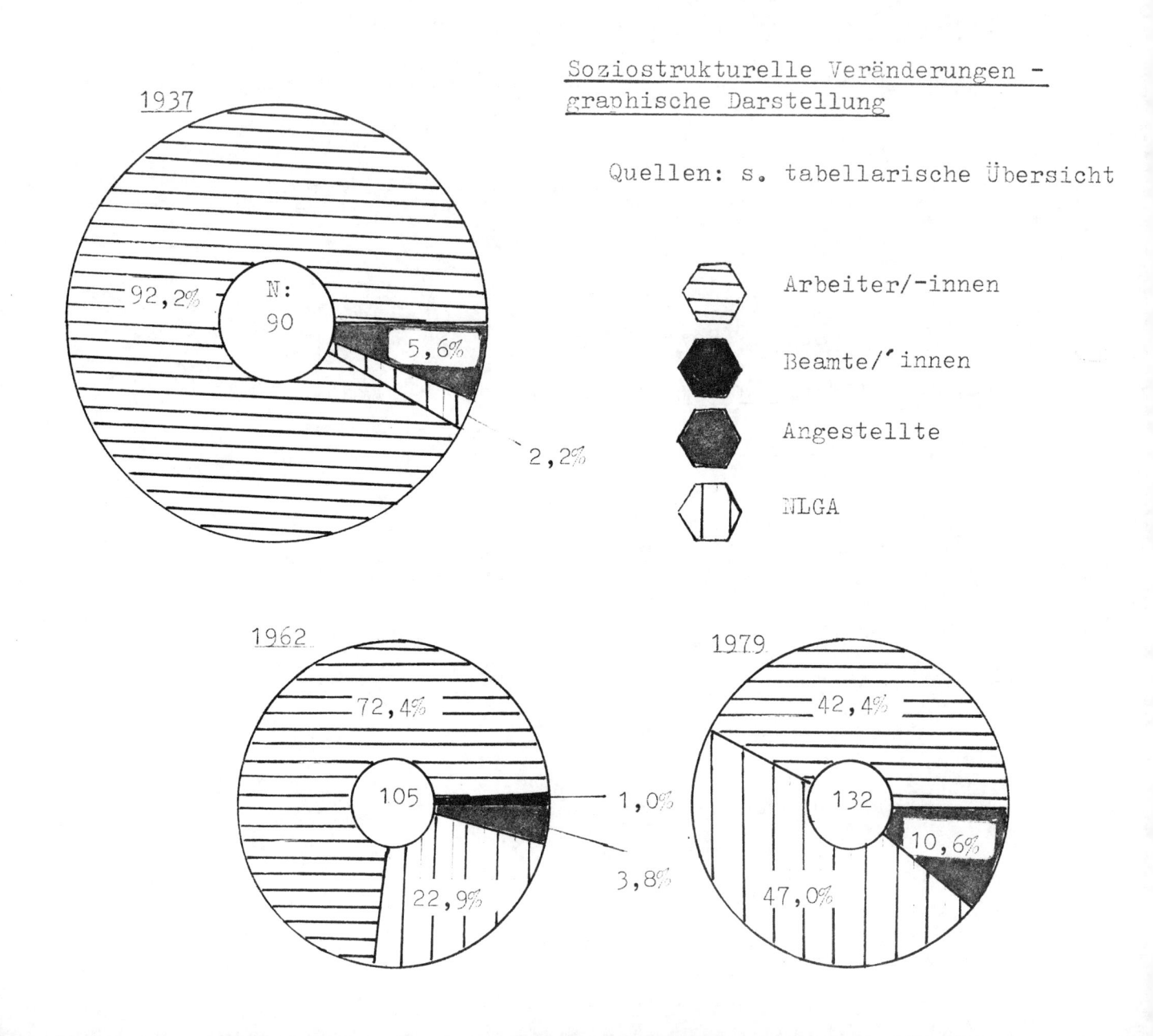

- Arbeiter/-innen
- Beamte/-innen
- Angestellte
- NLGA

1937: N: 90; 92,2%; 5,6%; 2,2%

1962: 105; 72,4%; 1,0%; 3,8%; 22,9%

1979: 132; 42,4%; 10,6%; 47,0%

Weihenstraße – nördlicher Teil

Doppelhaus Stieglitzstraße

Photos:
C. Loerke

BORGWARD-SIEDLUNG

Bauherr/-in:	Borgward-Unterstützungskasse
Bauträger/-in:	Gemeinnützige Bremer Bauverein
jetzige/-r Eigentümer/-in:	privat
Entwurf:	Lodders und Schöningh
Herstellungsjahr:	1950
Haustyp:	Doppel- und Reihenhaus
Grundstücksgröße:	max. 450 m^2
Siedlungsumfang:	100 Wohneinheiten
Herstellungskosten je WE:	10683 DM
Finanzierung:	1. H. Staatl. Kreditanstalt OL-HB
	2. H. Staatl. Kreditanstalt OL-HB
	Darlehnsh. Sparkasse in Bremen
	Darlehnsh. Borgward-Unterstützungsk.
	Eigenanteil: DM 250 je Familie
Monatl. Belastung/Bew.:	45,- DM (1951)
Auswahl der Bewohner/-innen:	durch Borgward-Betriebsrat
Eigentumsüberschreibung:	1955

Anmerkungen: Wohn- und Wirtschaftsfläche/WE: ca. 87 m^2

Übersicht nach: SENATOR FÜR DAS BAUWESEN o. J., o. S.
BREMER NACHRICHTEN vom 23.12.1949
WESER KURIER vom 12.7.1950
Informationen zur Finanzierung der Borgw.-Siedlung
Musterkaufvertrag vom 13.4.1955

- XXI -

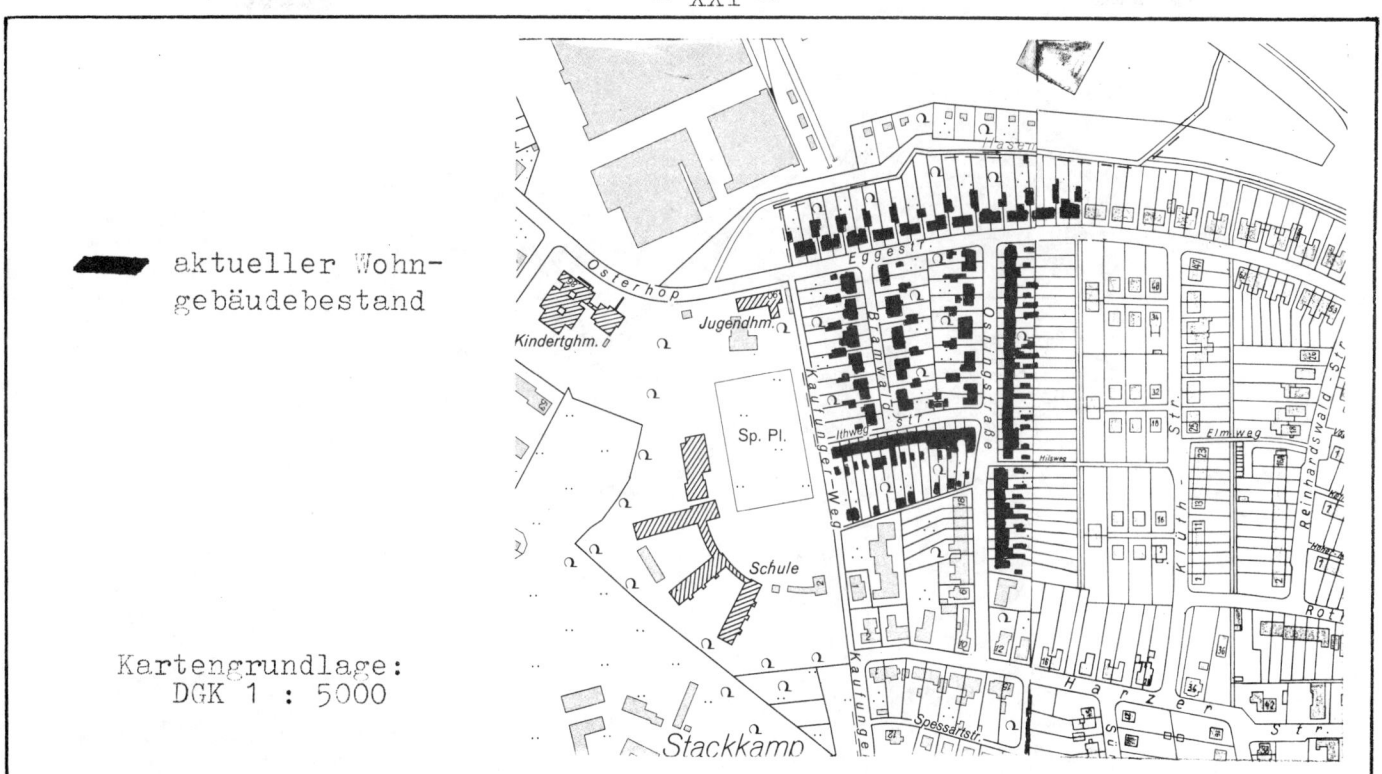

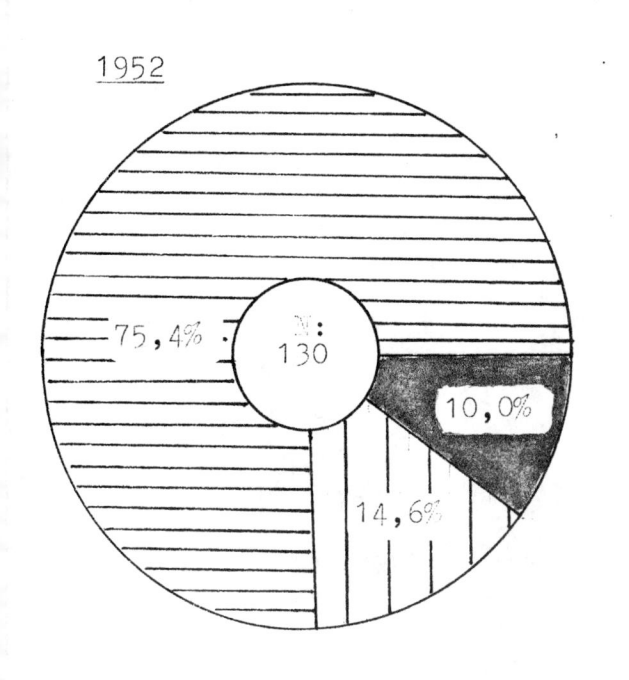

aktueller Wohn-
gebäudebestand

Kartengrundlage:
DGK 1 : 5000

Soziostrukturelle Veränderungen -
graphische Darstellung

Quellen: s. tabellarische Übersicht

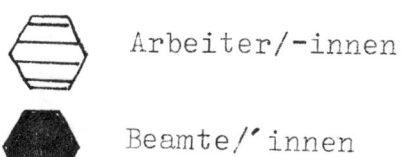

1952
N: 130
75,4%
10,0%
14,6%

⬡ Arbeiter/-innen

⬢ Beamte/-innen

⬣ Angestellte

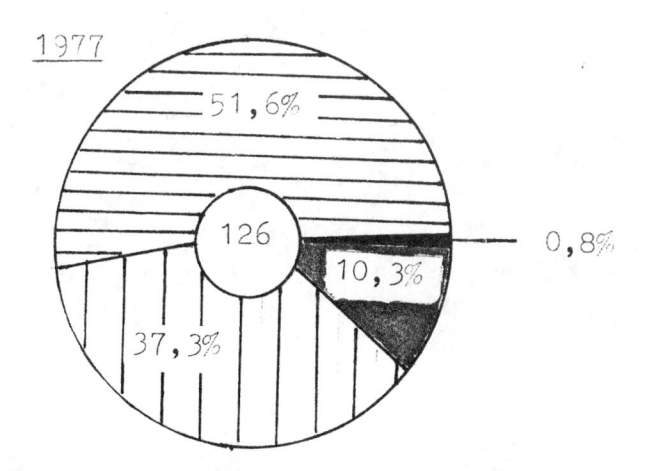

⬡ NLGA

1977
126
51,6%
10,3%
0,8%
37,3%

Reihenhauskette Osningstraße

Bramwaldstraße

Photos:
C. Loerke

Soziostrukturelle Veränderungen (tabellarische Übersicht)

Jute - Siedlungen

	ARBEITER(INNEN)			ANGESTELLTE	BEAMTE ('INNEN)	NLGA*
	ungelernt angelernt	Fach-	gesamt			
1925	58,1%	26,5%	84,6%	3,7%	(-)	11,8%
1941	35,6%	30,1%	65,8%	2,3%	(-)	32,0%
1966	22,2%	42,5%	64,7%	2,6%	1,3%	31,4%
1979	10,9%	39,1%	50,0%	4,7%	1,6%	43,8%

N (1925): 136   N (1966): 153
N (1941): 219   N (1979): 128

AW - Siedlung

	ARBEITER(INNEN)			ANGESTELLTE	BEAMTE ('INNEN)	NLGA*
	ungelernt angelernt	Fach-	gesamt			
1925	27,7%	57,1%	84,4%	9,0%	(-)	6,1%
1941	20,7%	54,5%	75,2%	6,3%	2,5%	16,0%
1966	8,8%	48,4%	57,2%	7,6%	1,3%	34,0%
1979	7,2%	31,0%	38,2%	7,2%	4,0%	50,6%

N (1925): 310   N (1966): 397
N (1941): 363   N (1979): 348

* Nicht-Lohn-und Gehaltsabhängige

Focke - Wulf - Kamp

	ARBEITER(INNEN)			ANGESTELLTE	BEAMTE ('INNEN)	NLGA*
	ungelernt angelernt	Fach-	gesamt			
1937	11,1%	81,1%	92,2%	5,6%	(-)	2,2%
1962	14,3%	58,1%	72,4%	3,8%	1,0%	22,9%
1979	6,1%	36,4%	42,4%	10,8%	(-)	47,0%

N (1937): 90
N (1962): 105
N (1979): 132

Borgward - Siedlung

	ARBEITER(INNEN)			ANGESTELLTE	BEAMTE ('INNEN)	NLGA*
	ungelernt angelernt	Fach-	gesamt			
1952	9,2%	66,2%	75,4%	10,0%	(-)	14,6%
1977	8,7%	42,9%	51,6%	10,3%	0,8%	37,3%

N (1952): 130
N (1977): 126

Darstellungen nach:
ADRESSBUCH FÜR DEN KREIS ACHIM
BREMER ADRESSBÜCHER
eigene Berechnungen

* Nicht-Lohn- und Gehaltsabhängige

Anmerkungen zur Sozialstrukturenanalyse:

Intentionen:
Es sollte geprüft werden, ob und welche größeren soziostrukturellen Veränderungen sich in den Siedlungen verzeichnen lassen. Besondere Beachtung galt hierbei den Veränderungen nach jeweils einer Parentalgeneration.

Methode:
- Stichproben (älteste/jüngste Nennung im Adreßbuch; dazu 25-Jahres-Intervall).
- Datenaggregation durch vollständige Auswertung der jeweiligen Adreßbücher.
- Zählung der Haushaltsvorstände.
- Differenzierung nach Erwerbstätigkeiten.

Problematik:
- Das älteste öffentlich zugängliche Adreßbuch für Hemelingen stammt aus dem Jahre 1925. Es verzeichnet die AW-Siedlung, da das Bauvorhaben zu jenem Zeitpunkt noch nicht abgeschlossen gewesen ist, nicht vollständig. Aus dem Bestand der Jute fehlen offensichtlich Daten (Bewohner/-innen der Kasernen zum großen Teil). Die Generationsintervalle sind daher für den Zeitraum von 1941 (erste Registrierung im Bremer Adreßbuch) bis 1966 gemessen worden.
- Die letzten Bremer Adreßbücher, die Haushaltsvorstände mit Berufsbezeichnungen verzeichnen, sind 1979 veröffentlicht worden.
- Der Beruf im Adreßbuch muß nicht der tatsächlichen Berufstätigkeit entsprechen.
- Bei den Zählungen konnten nur die Haushaltsvorstände, d. h. in der Regel Männer, berücksichtigt werden, berufstätige Mütter und Familienangehörige wurden nicht erfasst.
Die Adreßbücher verzeichnen keine Untermieter/-innen und Schlafgänger/-innen. Der Anteil der einkommensschwachen Klassen, besonders der an- und ungelernten Arbeiter/-innen, ist demnach höher anzusetzen, als er statistisch ausgewiesen wird.

- XXVI -

BEVÖLKERUNGSENTWICKLUNG der Gemeinde Hemelingen 1835 - 1939
und der Bremer Ortsteile Hemelingen/Arbergen 1950 - 1980

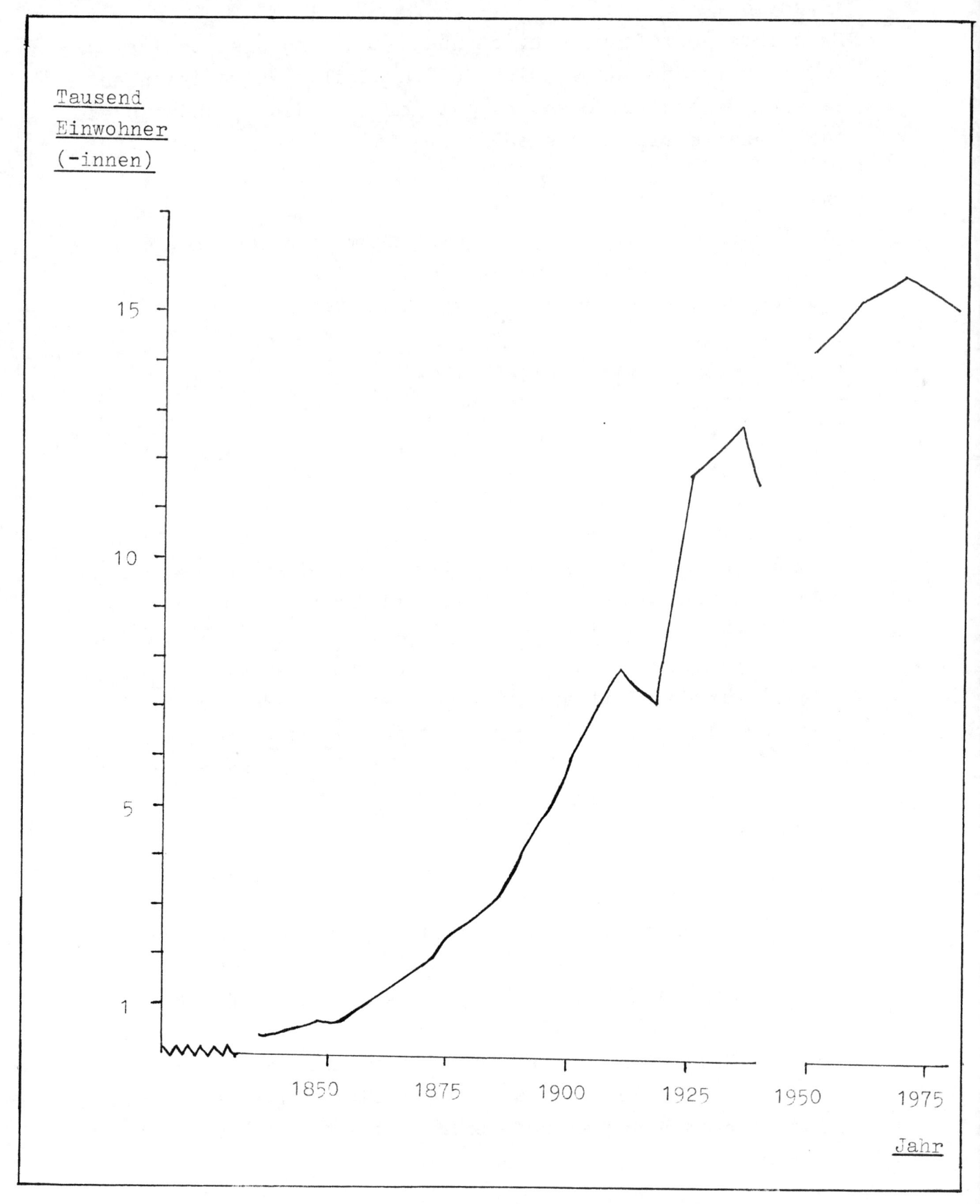

Quellen: WOLTERS (1974, S. 86f)
StaB 6,6/1-XVIII.e.8.Abt.XIII.Nr.11.
STATISTISCHE HANDBÜCHER

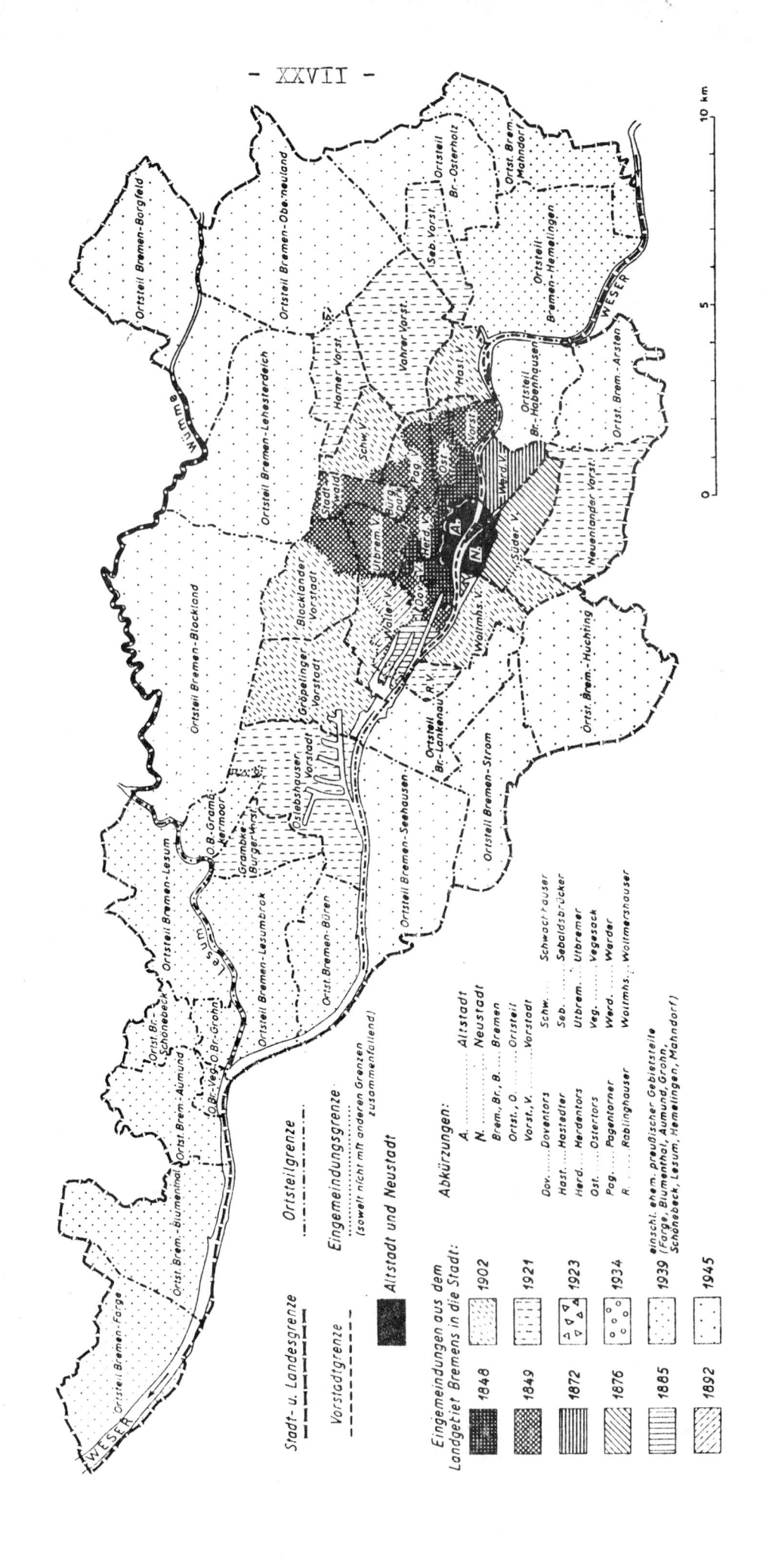

GEBIETSENTWICKLUNG DER STADT BREMEN
1848 bis 1945

– XXVII –

aus: STATISTISCHES HANDBUCH 1950/1960 S. 6